Guttentag'sche Sammlung
Nr. 93. Deutscher Reichsgesetze. Nr. 93.
Textausgaben mit Anmerkungen.

Gesetz über die
Sicherung der Bauforderungen.

Vom 1. Juni 1909.

Textausgabe mit Einleitung, Anmerkungen und Sachregister.

Von

Dr. Eduard Harnier,
Justizrat in Cassel.

Dritte Auflage.

Berlin 1912.
J. Guttentag, Verlagsbuchhandlung,
G. m. b. H.

Vorwort.

Das Gesetz über die Sicherung der Bauforderungen wird nur in wenigen, leicht zu übersehenden gesetzlichen Bestimmungen unmittelbar in Geltung treten. Der bei weitem umfangreichste und schwierigste Teil des Gesetzes bedarf zu seiner Einführung des Erlasses von landesgesetzlichen Ausführungsbestimmungen und von landesherrlichen Verordnungen, denen der Erlaß von Ortsstatuten zu folgen hat. Gleichwohl erscheint eine Erläuterung des Gesetzes schon jetzt wünschenswert. Denn weite Kreise der Bevölkerung, vor allem die Interessenten aus der Zahl der Baugewerbetreibenden, die Mitglieder der Gemeindebehörden, der Handels-, Handwerks- und Arbeitervertretungen müssen sich über den Inhalt des Gesetzes klar sein, um die von ihnen zu erstattenden Äußerungen über dessen Einführung abgeben zu können. Deshalb mag diese Bearbeitung schon jetzt erscheinen, bevor die zu erwartenden weiteren Vorschriften erlassen sind. Möge sie dazu beitragen, das Verständnis der so besonders spröden und schwierigen Materie denen, deren Mitwirkung bei Einführung und Durchführung des Gesetzes erforderlich ist, zu erleichtern.

Cassel, im Mai 1909.

Der Verfasser.

Vorwort zur dritten Auflage.

Trotz mehr als zweijähriger Geltungsdauer des Gesetzes ist dessen Abschnitt II über die „dingliche Sicherung der Bauforderungen" bisher noch nirgends in Geltung gesetzt, und es scheint fast, als wenn dies auch in absehbarer Zeit nicht geschehen werde, da anscheinend die Mehrheit der Interessenten der Einführung desselben ablehnend gegenübersteht. Wenn sich trotzdem schon rasch das Bedürfnis einer dritten Auflage geltend macht, so beruht das wohl darauf, daß der kurze I. Abschnitt des Gesetzes eine größere Bedeutung gewonnen hat, als man ursprünglich annehmen durfte. Ich habe versucht, gerade in dieser Richtung durch eingehendere Darstellung dem vorhandenen Bedürfnis Rechnung zu tragen, ohne den knappen Umfang der Schrift allzusehr zu erweitern.

Cassel, im Januar 1912.

Der Verfasser.

Inhaltsverzeichnis.

Abkürzungen.

E. = Entwurf eines Gesetzes über die Sicherung der Bauforderungen. Drucksache des Reichstags, 12. Legislaturperiode, 1. Session 1907, Nr. 365, S. 1—10.

Bgr. = Begründung dieses Entwurfs, daselbst, S. 11—49.

KB. = Bericht der 13. Kommission des Reichstags zur Vorbereitung des Gesetzentwurfs. Drucksache des Reichstags, 12. Legislaturperiode, 1. Session 1907/1909, Nr. 1275.

RK. = Reichstags-Kommission.

Einleitung.

Bereits seit langen Jahren beschäftigt sich die Öffentlichkeit mit Schaffung eines wirksamen Schutzes für die Bauforderungen. Schon am 5. Dezember 1895 hatte der Reichstag auf Antrag des Abgeordneten Bassermann die verbündeten Regierungen ersucht, einen Gesetzentwurf vorzulegen, durch welchen den Bauhandwerkern und Bauarbeitern ihre aus Arbeiten und Lieferungen an Neu- und Umbauten erwachsenden Forderungen gesichert würden. Seitdem sind eine ganze Reihe solcher Gesetzentwürfe verfaßt und der öffentlichen Beurteilung unterbreitet. Die im Jahre 1897 erschienenen Entwürfe beschäftigten den Juristentag in Posen 1898 und führten zu Annahme des Antrags:

„Es empfiehlt sich, zum Schutze der Baugläubiger in Neubaubezirken die Bauerlaubnis von der Eintragung eines Bauvermerks in das Grundbuch abhängig zu machen, an den die Sicherung der Bauforderungen zu knüpfen ist."

Zwei weitere Entwürfe wurden im Jahre 1901 veröffentlicht (A und B) und führten zu eingehenden Verhandlungen auf dem Juristentag in Berlin 1902. Daneben ging die Behandlung der Frage in der Literatur und in zahlreichen Körperschaften und Interessentenvereinigungen weiter. Eine wesentliche Förderung erfuhr dieselbe durch das gründliche Werk von Salomonsohn (Solmssen): Der gesetzliche Schutz der Baugläubiger in den Vereinigten Staaten von Nordamerika (Berlin 1900). Darin wurde der Nachweis geführt, daß dort ähnliche wirtschaftliche Verhältnisse, wie bei uns, schon seit mehr als 100 Jahren zu einem bis in die Neuzeit immer weiter durchgebildeten gesetzlichen Schutz geführt haben und daß der mit diesem Schutz verbundene Zwang trotz des gerade in den Vereinigten Staaten besonders raschen Aufblühens der Städte nirgends als unerträglich empfunden wird. Der Verfasser weist überzeugend nach, daß die weitaus überwiegende Mehrheit der maßgebenden Beurteiler, darunter auch die Vertreter gerade der größten Banken, das Bestehen der Gesetze als durchaus nützlich und notwendig und mit dem Interesse auch des entwickeltsten Geldverkehrs vereinbar erklären, daß man nirgends einen Versuch zu Abschaffung dieser sog. Liengesetze gemacht, vielmehr umgekehrt dieselben nur immer sorgfältiger ausgebildet hat. Gerade dieser Nachweis dürfte wesentlich dazu beigetragen haben, vielfache bei uns bestehende Bedenken gegen die Einführung des erstrebten Schutzes zu zerstören.

Einigkeit dürfte wohl darüber herrschen, daß § 648 BGB., der dem Unternehmer eines Bauwerkes das Recht auf Einräumung einer Sicherungshypothek an dem Baugrundstück des Bestellers beilegt, die erwünschte Abhilfe nicht gebracht hat, daß also diese Abhilfe auf dem Wege einer besonderen Gesetzgebung gesucht werden muß. Auch darüber besteht schon seit Jahren wohl allseitiges Einverständnis, daß der zu gewährende Schutz ein privatrechtlicher sein muß, und daß von der im preußischen Abgeordnetenhaus gebilligten Anregung eines Antrages Wallbrecht, welcher die Bauerlaubnis durch Bauschöffenämter nur an finanziell leistungsfähige Unternehmer geben wollte, abzusehen ist. Diese Stellung war bereits 1898 von dem Posener Juristentag genommen und ist seitdem in allen Gesetzentwürfen festgehalten. Dagegen blieben über die Ausgestaltung des hiernach allein in Betracht kommenden zivilrechtlichen Schutzes weitgehende Meinungsverschiedenheiten bestehen, so daß auch keiner der beiden 1901 veröffentlichten Entwürfe ungeteilte Billigung fand.

Unter umfassender Berücksichtigung aller inzwischen erfolgten Äußerungen zu diesen Entwürfen wurde demnächst ein neuer Entwurf ausgearbeitet und dem Reichstag (Drucksache Nr. 365 von 1907) zur Beschlußnahme vorgelegt. Die erste Lesung dieses Entwurfs im Plenum des Reichstags fand am 27. November 1907 statt. Sie endete mit dessen Unterweisung an eine Kommission von 21 Mitgliedern, die sich am 28. November 1907 konstituierte. Sie wählte zum Vorsitzenden den Abg. Dr. Mugdan, zum Berichterstatter den Abg. Dr. Mayer (Kaufbeuren).

Die Kommission beriet den Gesetzentwurf in zwei Lesungen, in erster Lesung in 8 Sitzungen, in zweiter Lesung in 5 Sitzungen. Außerdem wurde in erster Lesung eine Unterkommission aus 7 Kommissionsmitgliedern gebildet, welche die ihr von der Kommission überwiesenen Aufgaben in 10 Sitzungen erledigte.

Der Bericht der Kommission erschien als Drucksache Nr. 1275 von 1907/1909 am 17. März 1909. Die zweite Beratung im Plenum des Reichstags fand am 28. April, die dritte Beratung am 4. Mai 1909 statt und führte zu fast unveränderter Annahme des Kommissionsentwurfs.

Um so einschneidender sind die Veränderungen, welche die Kommission selbst dem Regierungsentwurf hat zuteil werden lassen. Der äußere Umfang des Gesetzes stieg dadurch von 42 auf 67 Paragraphen. Am wesentlichsten ist die Einführung des Zwanges zur Baugeldverwendung und zur Führung eines Baubuchs, welcher als erster, und zwar ohne weiteres für das ganze Reichsgebiet gültiger Abschnitt unter der Überschrift „Allgemeine Sicherungsmaßregeln" dem seitherigen Gesetzentwurf vorausgestellt ist. Dadurch ist der Entwurf selbst unter der Überschrift „Dingliche Sicherung der Bauforderungen" zum Abschnitt 2 des Gesetzes geworden. In diesem Abschnitt ist ganz neu die Einführung von Bauschöffenämtern, allerdings mit wesentlich anderen Funktionen, als sie der Antrag Wallbrecht seinerzeit vorgesehen hatte. Sie sind in das Leben gerufen, um der Baupolizeibehörde alle diejenigen Aufgaben abzunehmen, die eigentlich gar nicht polizeilicher Natur sind, vielmehr besser in der Hand einer überwiegend aus Sachverständigen bestehenden Behörde liegen, die schon deshalb das Vertrauen der Interessenten genießen muß. Aber auch im übrigen sind zahlreiche Änderungen im einzelnen vorgenommen, welche alle den noch weitergehenden Schutz der Baugläubiger bezwecken. Es sei in dieser Richtung verwiesen auf die Aufnahme von Ersatzbauten in den Geltungsbereich des Gesetzes (§ 9), auf die Erhöhung der zur Abwendung des Bauvermerks zu hinterlegenden Summe von $^1/_4$ auf $^1/_3$ der voraussichtlichen Baukosten (§ 12), auf Anrechnung von nur $^3/_4$ des Baustellenwertes statt des vollen Baustellenwertes bei Berechnung der Differenzkaution (§ 13), auf die erweiterte Haftung des Eigentümers für Nachmänner (§ 19), auf die Einführung eines Vorrangs für Lohnrückstände von Bauarbeitern (§ 29), die Sperrung von $^1/_5$ der Baugelder (§ 34) usw. Noch weitergehende Anträge sind in der Reichstagskommission als praktisch unausführbar erkannt und entweder von den Antragstellern selbst zurückgezogen oder von der Kommission abgelehnt. In seiner jetzigen Form stellt also das Gesetz das Ergebnis einer ganz besonders langwierigen und gründlichen Beratung und das äußerste Maß dessen dar, was im Interesse des Schutzes von Bauforderungen auf gesetzlichem Wege zu erreichen ist.

Der wesentliche Inhalt des Gesetzes ist kurz der folgende:

Der wie erwähnt durch die RK. zugefügte Abschnitt 1, enthaltend „Allgemeine Sicherungsmaßregeln", legt zunächst dem Empfänger von Baugeld und zwar bei Bauten jeder Art, auch bei Ersatzbauten, die Verpflichtung auf, das Baugeld zur Befriedigung von Baugläubigern — Lieferanten, Handwerkern und Arbeitern — zu verwenden. Eine anteilige Befriedigung aller Baugläubiger ist nicht vorgeschrieben. Der Baugeldempfänger kann also nach seinem Belieben die zu befriedigenden Baugläubiger wählen. Er darf auch das Baugeld insoweit beliebig anderweit verwenden, als er selbst aus anderen Mitteln Baugläubiger bereits befriedigt hat, sowie in Höhe der Hälfte des angemessenen Wertes seiner eigenen Leistungen für den Bau. Als Baugeld werden Geldbeträge bezeichnet, die zur Bestreitung der Baukosten entweder gegen Eintragung einer Hypothek oder Grundschuld, oder in der Weise gewährt werden, daß zu ihrer Sicherung das Eigentum an dem Grundstück erst nach Herstellung des Baues übertragen werden soll. (§ 1.)

Es fallen also unter diese Vorschrift nicht solche Darlehen, welche dem Bauherrn zu Zwecken des Baues etwa gegen andere Sicherheitsleistung (Bürgschaft usw.)

gewährt werden, anderseits aber nicht nur solche, für welche eine ausdrücklich als Baugeldhypothek bezeichnete Hypothek (§ 33) eingetragen ist. An die Übertretung der Verwendungspflicht seitens des Bauherrn sind zunächst nur strafrechtliche Folgen geknüpft, und zwar nur für den Fall der Zahlungseinstellung oder Konkurseröffnung sowie einer Benachteiligung der Baugläubiger. In diesem Fall wird der Baugeldempfänger nach § 5 mit Gefängnis von einem Monat bis zu fünf Jahren und bei Vorhandensein mildernder Umstände mit Gefängnis von mindestens einem Tag oder mit Geldstrafe bis zu 3000 M. gestraft. Daneben wird aber in Betracht kommen, daß nach § 35 Abs. 5 der Gew.Ordn. dem Bauunternehmer sein Gewerbebetrieb untersagt werden kann, wenn Tatsachen vorliegen, welche seine Unzuverlässigkeit in bezug auf den Gewerbebetrieb ergeben. —

Als weitere allgemeine Sicherungsmaßregel legt das Gesetz dem, der die Herstellung eines Neubaues unternimmt und entweder Baugewerbetreibender ist oder sich für den Neubau Baugeld gewähren läßt, die Verpflichtung zur Führung eines Baubuches auf. Die gleiche Verpflichtung findet auch auf Umbauten Anwendung, wenn für den Umbau Baugeld gewährt wird. (§ 3). Der Begriff des Neubaues ist in erheblicher Abweichung vom Entwurf, auf Gebäude jeder Art, nicht nur solche zu Wohn- oder gewerblichen Zwecken, und auch auf sog. Abrißbauten ausgedehnt. Aus dem Baubuch, welches für jeden einzelnen Bau gesondert zu führen und fünf Jahre nach der Vollendung aufzubewahren ist, müssen sich ergeben die Personen, mit denen ein Werk-, Dienst- oder Lieferungsvertrag geschlossen ist, die mit ihnen vereinbarte Vergütung und die sämtlichen an sie geleisteten Zahlungen, sämtliche zur Bestreitung der Baukosten zugesicherte Mittel (nicht bloß die „Baugelder" im Sinne des § 1, sondern auch sonstige Baukredite, etwa gegen Bürgschaft gewährte!), die darauf erfolgten und die aus ihnen geleisteten Zahlungen, ferner Abtretungen, Pfändungen und Entnahmen für eigene Leistungen. — Auch an die Übertretung dieser Verpflichtung sind nur strafrechtliche Folgen (§ 6) geknüpft.

Eine dritte allgemeine Sicherungsmaßregel besteht in der Einführung eines Zwangs für jeden Leiter eines Neubaus, an leicht sichtbarer Stelle einen Anschlag anzubringen, aus dem Name und Wohnort des Eigentümers sowie des oder der etwaigen Unternehmer ersichtlich ist. Auch diese Vorschrift ist unter Strafdrohung gestellt (§§ 4, 7).

Neben diesen drei ohne weiteres für alle Bauten im Reich geltenden Vorschriften findet nun der Abschnitt 2 des Gesetzes, überschrieben: Dingliche Sicherung der Bauforderungen, also der eigentliche Entwurf des Gesetzes, nur in den durch landesherrliche — zurücknehmbare (§ 65) — Verordnung bestimmten Gemeinden Anwendung (§ 9). In diesen gilt er, wie erwähnt, für alle Neubauten, also auch die sog. Abrißbauten. Doch kann die Landeszentralbehörde eine Ausnahme für Ersatzbauten an Stelle eines solchen zerstörten Gebäudes machen, welches versichert war und bei dem die Entschädigungssumme nur zur Wiederherstellung des versicherten Gebäudes ausgezahlt werden darf (§ 10).

Als Schutzmittel dient regelmäßig ein vor dem Beginn des Baues auf der Baustelle einzutragender sog. Bauvermerk (§ 11), um dessen Eintragung die Baupolizeibehörde das Grundbuchamt zu ersuchen hat (§ 16).

Dieser Vermerk gibt dem Baugläubiger den Anspruch auf demnächstige Eintragung einer Bauhypothek und hat die Wirkung einer Vormerkung zur Sicherung dieses Anspruchs. Von dieser Schutzvorschrift gibt das Gesetz zwei Ausnahmen. Einmal kann sich der Bauherr von der Eintragung des Bauvermerks dadurch befreien, daß er den dritten Teil der nach Ermessen des Bauschöffenamtes voraussichtlich entstehenden Baukosten durch Hinterlegung von Geld oder Wertpapieren sicherstellt (§ 12) und dies der Baupolizeibehörde nachweist (§ 13). In diesem Fall findet eine dingliche Sicherstellung der Baugläubiger an dem Grundstück selbst überhaupt nicht statt. Dagegen haftet ihnen die nach den näheren Vorschriften des § 12 hinterlegte Sicherheit nach den gleichen Rechtsgrundsätzen, wie ihnen im Falle der Eintragung einer Bauhypothek das Grundstück selbst haften würde (§ 41). — Eine weitere Ausnahme von dem Zwang zur Eintragung des Bauvermerks findet statt zugunsten gewisser unbedingt zahlungsfähiger Bauherren, so des Fiskus, einer Körperschaft des öffentlichen Rechts, der Landesherren usw. (§ 12 Abs. 2). Doch haften die Eigentümer dieser befreiten Grundstücke in Höhe des dritten Teils der Baukosten den Baugläubigern in gleicher Weise, wie wenn in dieser Höhe Sicherheit geleistet wäre (§ 12 Abs. 3), was insbesondere dann, wenn der Bau mit Zustimmung des Eigentümers von einem Dritten als Bauherrn ausgeführt wird, sowie für die Rechte der Nachmänner und die Zulässigkeit des Verteilungsverfahrens von Bedeutung ist.

Abgesehen von diesen Ausnahmen nun darf die Baupolizeibehörde die Bauerlaubnis nur erteilen, wenn der Bauvermerk eingetragen ist und weiter entweder die ihm vorgehenden Belastungen $^3/_4$ des Baustellenwertes nicht übersteigen, oder in Höhe des Überschusses Sicherheit durch Hinterlegung von Geld oder Wertpapieren geleistet ist (Differenzkaution, § 13).

Die Höhe des Baustellenwertes soll durch das Bauschöffenamt festgestellt werden (§ 15) und zwar entweder nach allgemeinen, für Teile einer Gemarkung festgestellten Grundsätzen oder nach spezieller Abschätzung. Für die Feststellung der Belastungen bedarf es einer Mitwirkung des Bauschöffenamts nicht, sie ergeben sich entweder aus dem Grundbuch (§ 14 Nr. 1—3) oder beruhen auf öffentlichem Recht in der Form von Anliegerbeiträgen für Straßen oder Kanäle (§ 14 Nr. 4). In letzterem Fall sind sie entweder bereits in einem amtlichen Verfahren festgestellt oder von der Baupolizeibehörde selbst zu schätzen. Erst wenn hiernach die Baupolizeibehörde festgestellt hat, daß die Eintragung des Bauvermerks erfolgt ist und daß entweder Differenzkaution nicht zu leisten ist, oder daß sie in der von ihr berechneten Höhe durch Hinterlegung bei einer gesetzlichen Hinterlegungsstelle geleistet ist, darf sie die Bauerlaubnis erteilen.

Der Bauvermerk gibt die durch ihn begründeten Rechte den „Baugläubigern". Die §§ 18ff. des Gesetzes regeln deshalb deren Begriff im einzelnen. Die alte Streitfrage, ob auch die Lieferanten unter die Baugläubiger aufzunehmen sind, mußte notwendig zu deren Gunsten geschlichtet werden (§ 18). Den Baugläubigern des Baustelleneigentümers stehen gleich die Baugläubiger dessen, der mit Zustimmung des Eigentümers den Bau als Bauherr ausführt. Auch sie sind unmittelbare Baugläubiger. Anders liegt die Sache, falls der Eigentümer die Herstellung des Gebäudes oder eines Teils desselben einem Unternehmer überträgt. Dann sollen nach der jetzigen Fassung des Gesetzes auch diejenigen, mit welchen der Unternehmer Werk-, Dienst- oder Lieferungsverträge geschlossen hat (sog. Nachmänner) als Baugläubiger angesehen werden. Doch soll der Eigentümer für die Forderungen dieser Nachmänner dann nicht haften, wenn dem Unternehmer die erforderlichen Mittel zu Gebote standen und er die Absicht hatte, seine Verbindlichkeiten im vollen Umfange zu erfüllen (§ 19). Der Beweis hierfür ist dem Eigentümer aufgebürdet. Doch soll es zu dessen Führung genügen, wenn er nachweist, daß ihm das Nichtvorhandensein ausreichender Mittel oder jener Absicht ohne grobe Fahrlässigkeit unbekannt war! Diese von dem Entwurf abweichende Regelung der RK. ergibt nicht unerhebliche Schwierigkeiten.

Auf weitere Einzelheiten kann hier nicht eingegangen werden, nur sei darauf hingewiesen, daß nach § 21 das Bauschöffenamt auf Verlangen eines Beteiligten und zwar auch noch nach Eintrag der Bauhypothek befugt ist, eine die übliche Vergütung offenbar in erheblichem Maße überschreitende Vereinbarung herabzusetzen, allerdings mit Wirkung nur für die Teilnahme an den besonderen Rechten, welche dies Gesetz den Baugläubigern als solchen beilegt. Diese Vorschrift schützt in erster Linie die konkurrierenden Baugläubiger dagegen, daß durch Bewilligung übertriebener Preise an einzelne Baugläubiger die verhältnismäßige Befriedigung aller Baugläubiger bei unzureichendem Erlös geschmälert wird.

Damit nun die einzelnen Baugläubiger in die Lage kommen, an der durch den Bauvermerk im Grundbuch gesicherten Stelle den Eintrag einer Bauhypothek zu erlangen, sieht das Gesetz zunächst die öffentliche Bekanntmachung der erfolgten polizeilichen Gebrauchsabnahme durch die Baupolizeibehörde vor (§ 22). Mit dieser Bekanntmachung beginnt die von der RK. auf einen Monat herabgesetzte Frist, innerhalb derer die Baugläubiger ihre Forderungen bei dem Bauschöffenamt anmelden können (§ 22 Abs. 3). Eine solche Anmeldung ist jedoch nur „wirksam" entweder mit schriftlicher Zustimmung des Eigentümers oder mit einer die Anmeldung zulassenden einstweiligen Verfügung des Amtsgerichts der Baustelle. Wenn also der Eigentümer seine Zustimmung zur Anmeldung nicht erteilt, muß der Baugläubiger beim Amtsgericht die Erlassung einer einstweiligen Verfügung beantragen und dazu dem von ihm geschlossenen Vertrag, die Verwendung seiner Leistungen in den Bau und falls der Anmeldende ein Nachmann ist, die sonstigen Voraussetzungen seines Rechts dem Amtsgericht glaubhaft machen. Das Nähere ergibt § 23. Will der Eigentümer dem Eintrag einer Bauhypothek entgehen, so kann er dem betreffenden anmeldenden Gläubiger Sicherheit leisten. Wird dem Bauschöffenamt diese Sicherheitsleistung nachgewiesen, so gilt die Anmeldung als zurückgenommen (§ 24). Im übrigen gibt das Gesetz dem Bauschöffenamt auch die ausdrückliche Befugnis zur Vermittelung einer gütlichen Einigung unter den Beteiligten (§ 26).

Nach dem Ablauf der einmonatigen Anmeldungsfrist muß nun der Bauvermerk gelöscht werden, und zwar, falls wirksame Anmeldungen nicht vorliegen, auf Ersuchen des Bauschöffenamtes, falls dagegen wirksame Anmeldungen vorliegen, von Amts wegen und unter gleichzeitiger Eintragung der sog. Bauhypothek, welche eine mit der Eintragung entstehende Sicherungshypothek ist.

Die Voraussetzungen für den Eintrag der Bauhypothek hat das Grundbuchamt selbständig auf Grund der ihm nach Ablauf der Anmeldungsfrist vom Bauschöffenamt zu übersendenden Anmeldungen festzustellen (§ 30). Demgemäß hat dasselbe außer dem Gesamtbetrag der Bauhypothek die den einzelnen Baugläubigern zustehenden Teilbeträge einzutragen. Zinsen dürfen nicht eingetragen werden, doch haftet die Bauhypothek laut § 1118 BGB. eventuell für gesetzliche Zinsen. Falls Differenzkaution geleistet ist, so hat das Grundbuchamt deren Betrag von dem Gesamtbetrag der angemeldeten Bauforderungen abzusetzen und den Eintrag der Bauhypothek unter verhältnismäßiger Herabsetzung der Anteile der einzelnen Gläubiger auf den Rest zu beschränken (§ 27). Das Gesetz geht eben davon aus, daß eine geleistete Differenzkaution den Baugläubigern in erster Linie, das Grundstück selbst aber nur in zweiter Linie für den durch diese Kaution nicht gedeckten Rest der angemeldeten Bauforderungen haften soll.

Sämtliche bei Eintrag der Bauhypothek berücksichtigten Bauforderungen haben unter sich gleichen Rang, doch hat die RK. einen Vorrang für rückständigen Lohn von Bauarbeitern für die Dauer von zwei Wochen eingefügt (§§ 29, 31).

Durch die seither besprochenen Bestimmungen ist sonach den bei Beginn der Anmeldefrist, also nach Vollendung des Baues, noch unbezahlten Bauforderungen eine dingliche Sicherstellung hinter $^3/_4$ des Baustellenwertes gewährleistet. Da jedoch in der großen Mehrzahl aller Fälle die Bauten unter Verwendung von sog. Baugeldern ausgeführt zu werden pflegen, bedurfte es einer besonderen Regelung der Rechtsstellung der Baugeldhypothek, während Baugelder, die nicht gegen Hypothek gewährt werden, in diesem, die dingliche Sicherung der Baugläubiger betr. Abschnitt überhaupt nicht in Betracht kommen (vgl. § 2!). Regelmäßig muß es für ausgeschlossen betrachtet werden, daß eine Baugeldhypothek schon vor Eintrag des Bauvermerks in das Grundbuch eingetragen wird, denn in diesem Falle würde sie ja bei Berechnung der Differenzkaution mit in Betracht kommen. Es müßte also, wenigstens insoweit, als die Baugeldhypothek $^3/_4$ des Baustellenwertes übersteigt, deren Betrag als Differenzkaution hinterlegt werden. Das ist schon nach dem Zweck des Baugeldvertrages, der dem Eigentümer verfügbare Mittel nach Fortschreiten des Baues verschaffen will, ausgeschlossen. Es wird also regelmäßig eine sog. Baugeldhypothek erst mit dem Rang hinter dem Bauvermerk eingetragen werden. Dagegen muß der Baugeldgeber wenigstens insoweit, als mit seinem Geld Baugläubiger bezahlt werden, den Vorrang vor den verbleibenden Baugläubigern erhalten, weil ja sonst er derjenige wäre, welcher tatsächlich das Risiko des Baues tragen würde und weil bei einer solchen Regelung selbstverständlich das Baugeldgeschäft wenigstens des soliden Baugeldgebers vollkommen unterbunden werden würde. Aus diesem Grunde ist die Einräumung des Vorrangs für das zur Tilgung von Bauforderungen verwendete Baugeld auch im Interesse des gesamten Baugewerbes, sowohl der Bauunternehmer als der Handwerker, unbedingt erforderlich. Versuche, eine gleichmäßige Befriedigung aller Baugläubiger herbeizuführen, wie sie teils in früheren Entwürfen, teils in Anträgen in der RK. gemacht waren, erwiesen sich durchgängig als praktisch unausführbar. Demgemäß hat das Gesetz den Vorrang der Baugeldhypothek vor der Bauhypothek für die in Anrechnung auf das Baugeld geleisteten Zahlungen insoweit eingeführt, als durch solche Zahlungen Bauforderungen getilgt sind oder als sie an den Eigentümer in Höhe von ihm bereits getilgter Bauforderungen geleistet sind. Verwendung für eigene Leistungen (vgl. § 1 Abs. 2) begründet den Vorrang nicht. Dieser Vorrang ergibt sich allerdings nicht aus dem Grundbuch, kann also eventuell in einem Verteilungsverfahren bestritten werden. Der gleiche Vorrang mußte auch für Zinsen des Baugeldes eingeführt werden, da selbstverständlich kein Baugeldgeber sein Geld lediglich in der Hoffnung hingibt, im günstigen Falle nach Durchführung des Baues und einer etwaigen Zwangsversteigerung den hingegebenen Betrag selbst zurückzuerhalten; doch hat das Gesetz den Vorrang der Zinsen auf 5% beschränkt. Weiter ist zum Schutze des Baugeldgebers bestimmt, daß das Nichtbestehen einer Bauforderung, die er tilgen wollte, seinen Vorrang nicht beeinträchtigen soll, es sei denn, daß ihm das Nichtbestehen zur Zeit seiner Zahlung bekannt oder infolge grober Fahrlässigkeit unbekannt war.

Zu diesen, vom Entwurf vorgesehenen Bestimmungen hat nun die RK. die Bestimmung hinzugefügt, daß der fünfte Teil der Baugelder zunächst bis zum Ablauf von zwei Wochen seit dem Beginn der Anmeldungsfrist (Bekanntmachung der Gebrauchsabnahme) insofern gesperrt bleibt, als der Baugeldgeber für Zahlungen in dieser Höhe ein Vorrecht nicht erlangt. Wird innerhalb dieser 14tägigen Frist dem Baugeldgeber der Widerspruch eines Baugläubigers gegen die Auszahlung durch einen Gerichtsvollzieher zugestellt, so ist er berechtigt, das rückständige Fünftel zu hinterlegen, und erhält damit sein Vorrecht auch für dies Fünftel. Es wird in diesem Fall wie eine nach § 13 geleistete Differenzkaution behandelt, dient mithin der gleichmäßigen endgültigen Befriedigung aller Baugläubiger (§ 34 Abs. 3 und 4). Wird kein Widerspruch innerhalb der Frist erhoben, so kann der Baugeldgeber nunmehr auch das letzte Fünftel mit gleicher Wirkung, wie die früheren vier Fünftel auszahlen.

Wenn auch der Baugeldgeber durch diese Vorschriften hinsichtlich des Ranges seiner Baugeldhypothek einigermaßen gesichert ist, so gibt ihm das Gesetz doch noch ein weiteres Mittel, um sich von einer jeden Verantwortung oder Gefahr zu befreien. Es soll nämlich auf seinen Antrag das Amtsgericht der Baustelle einen Treuhänder bestellen, welcher die rechtliche Stellung eines Pflegers hat und in dieser Eigenschaft Zahlungen auf das Baugeld vermitteln oder anweisen soll. Alle derartigen Zahlungen begründen den Vorrang vor der Bauhypothek, und dieser Vorrang muß auf Grund einer Bescheinigung des Treuhänders vom Grundbuchamt auf Antrag des Baugeldgebers in das Grundbuch eingetragen werden (§§ 35 und 36).

Einige Schwierigkeit könnte hierbei vielleicht der Kostenpunkt machen. Während die Kosten für die Tätigkeit des Bauschöffenamtes dem Eigentümer zur Last fallen (§ 58), bestimmt § 35 Abs. 4, daß der Treuhänder die angemessene Vergütung für seine Amtsführung von dem Baugeldgeber verlangen kann. Diese Kosten des Treuhänders haben aber nicht den Charakter einer Bauforderung. Der Baugeldgeber, der sie bezahlt, erhält also insoweit keinen Vorrang, und es wird deshalb nötig sein, daß der Baugeldgeber bereits beim Abschluß des Baugeldvertrags sich darüber entscheidet, ob er demnächst einen Antrag auf Bestellung eines Treuhänders stellen will und daß er sich die hierdurch entstehenden Kosten von dem Eigentümer auf andere Weise als durch seine Baugeldhypothek sicherstellen läßt. Im übrigen ist auch der Treuhänder an irgendwelche Reihenfolge oder gleichmäßige Berücksichtigung verschiedener Baugläubiger nicht gebunden, sondern kann nach Belieben Zahlungen an einzelne Baugläubiger anweisen.

Wenn mit dieser Regelung der Rechtsstellung der Baugeldhypothek auch weitergehenden Wünschen von Interessenten nicht entsprochen ist, so bleibt doch für alle von dem Baugeldgeber direkt oder durch Vermittelung des Treuhänders zu leistenden Zahlungen zu bedenken, daß eine ganz wesentlich bessere Stellung der Baugläubiger schon durch die Gewißheit erreicht wird, daß das gesamte Baugeld tatsächlich in den Bau verwendet wird, daß also der vortretenden Baugeldhypothek in gleicher Höhe eine Verminderung von Bauforderungen und eine Wertvermehrung des Baues selbst gegenübersteht. Die Verwendung des Baugeldes zu anderen Zwecken, die in Abschn. I bloß verboten ist, wird durch diese Bestimmung tatsächlich unmöglich gemacht.

Besondere Vorschriften gelten für ein Zwangsvollstreckungsverfahren, das vor Eintrag der Bauhypothek eingeleitet ist. In diesem Fall genügt wirksame Anmeldung der Bauforderung für das Verlangen der Befriedigung aus dem Grundstück (§ 37). Ein Versteigerungstermin soll nicht auf einen früheren Zeitpunkt als zwei Wochen nach Ablauf der Anmeldefrist angesetzt werden. Anderseits setzt die Bekanntmachung eines solchen die bisher noch nicht begonnene Anmeldefrist in Lauf (§ 38). Die Baugläubiger, für welche bei deren Ablauf eine wirksame Anmeldung vorliegt, sind den zur Zeit des Vollstreckungsvermerks in das Grundbuch eingetragenen Gläubigern gleichgestellt (§ 39).

Ein weiterer Abschnitt regelt das Verfahren bezüglich der nach diesem Gesetz geleisteten Sicherheiten (§§ 41 f.). Zuständig für dieses Verfahren ist das Amtsgericht der Baustelle. — Ist die Sicherheit von $1/_3$ der Baukosten zur Abwendung der Eintragung des Bauvermerks geleistet (§ 12), so findet zwar die baupolizeiliche Veröffentlichung der Gebrauchsabnahme, nicht aber das Anmeldeverfahren beim Bauschöffenamt statt. In diesem Fall findet also eine Mitwirkung des Bauschöffenamtes überhaupt nicht statt. Nun ist die Zulässigkeit eines Einigungsverfahrens vor ihm vorbehalten (§ 46). Erfolgt binnen einem Monat nach der obigen Veröffentlichung beim Amtsgericht kein Antrag auf Eröffnung eines Verteilungsverfahrens, so ordnet das Amtsgericht auf Antrag dessen, der die Sicherheit geleistet hat, deren Rückgabe an (§ 45). Erfolgt dagegen ein solcher Antrag, so wird das Verteilungsverfahren eingeleitet und dies, sowie der Verteilungstermin öffentlich bekannt gemacht. Dann haben sich die, welche Anspruch auf die Sicherheit erheben wollen, zu melden. Wird Widerspruch gegen eine angemeldete Bauforderung erhoben, so bleibt sie unberücksichtigt, falls nicht der Anmeldende binnen Monatsfrist Klage erhebt (§ 43). Analoge Vorschriften gelten für das Verteilungsverfahren, welches über das Drittel der Baukosten stattfindet, für das der nach § 12 Abs. 3 befreite Eigentümer ohne Hinterlegung haftet (§ 47).

Anders gestaltet sich das Verfahren, falls die Differenzkaution oder das letzte Fünftel des Baugeldes hinterlegt ist (§§ 13, 34 Abs. 3). Hier hat die Anmeldung der Bauforderungen beim Bauschöffenamt zu erfolgen. Das Bauschöffenamt hat deshalb, falls eine wirksame Anmeldung nicht vorliegt, gleichzeitig mit dem Ersuchen um Löschung des Bauvermerks auch die Rückgabe der Sicherheit anzuordnen (§ 49). Sind dagegen Bauforderungen beim Bauschöffenamt angemeldet, so findet das Verteilungsverfahren, und zwar lediglich zugunsten der beim Bauschöffenamt erfolgten wirksamen Anmeldungen, auf Antrag eines Beteiligten ebenfalls beim Amtsgericht statt. Das Bauschöffenamt muß dem Gericht auf dessen Ersuchen Abschrift der wirksamen Anmeldungen erteilen. Eine öffentliche Bekanntmachung des Verfahrens und des Termins findet nicht statt. Die wirksam angemeldeten Ansprüche stehen für das Verfahren Ansprüchen, die im Grundbuch eingetragen sind, gleich, werden also auch bei Vorliegen eines Widerspruchs in den Verteilungsplan aufgenommen, und die Klage ist nicht von dem Anmeldenden, sondern von dem Widersprechenden zu erheben (§ 48).

Auch hier kann auf weitere Einzelheiten im Rahmen dieser allgemeinen Übersicht nicht eingegangen werden.

Ein von der RK. eingefügter besonderer Titel (§§ 50—60) regelt die Organisation der von ihr geschaffenen B a u s c h ö f f e n ä m t e r. Sie sollen durch Ortsstatut als Gemeindebehörden ins Leben gerufen, ihre Mitglieder sollen durch den Magistrat, zum Teil aus Bausachverständigen, gewählt werden.

Durch das Ortsstatut ist auch das Verfahren vor dem Bauschöffenamt und die zu erhebenden Gebühren zu regeln; letztere sollen nicht höher als zur Deckung der entstehenden Kosten erforderlich bemessen werden. —

Die Bestimmungen dieses Abschnitts schließen sich im wesentlichen an die analogen Bestimmungen des Gewerbegerichtsgesetzes an.

Die in einem letzten Titel folgenden Schlußbestimmungen (§§ 61—67) regeln Einzelheiten, so die Anwendung des Gesetzes auf Bauten von Erbbauberechtigten, die Unverzichtbarkeit der durch das Gesetz gegebenen Rechte, Vorbehalte bez. anderweiter Regelung von Zuständigkeitsbestimmungen, Zuständigkeit des Reichsgerichts u. a. m.

(Nr. 3612.)

Gesetz über die Sicherung der Bauforderungen.

Vom 1. Juni 1909 (RGBl. Nr. 28, S. 449—468).

Wir Wilhelm, von Gottes Gnaden Deutscher Kaiser, König von Preußen rc.
verordnen im Namen des Reichs, nach erfolgter Zustimmung des Bundesrats und des Reichstags, was folgt:

Erster Abschnitt.

Allgemeine Sicherungsmaßregeln.

Abschn. 1 ist von der RK. neu in das Gesetz eingefügt. Er gilt im Gegensatz zu Abschn. 2 ohne weiteres im ganzen Reichsgebiet.

Verpflichtung zur Verwendung von Baugeld.

§ 1. Der Empfänger von Baugeld[1]) ist verpflichtet, das Baugeld[2]) zur Befriedigung solcher Personen, die an der Herstellung des Baues auf Grund eines Werk-, Dienst- oder Lieferungsvertrags beteiligt sind, zu verwenden[3]). Eine anderweitige Verwendung des Baugeldes ist bis zu dem Betrage statthaft, in welchem der Empfänger aus anderen Mitteln Gläubiger der bezeichneten Art bereits befriedigt hat[4]).

Ist der Empfänger selbst an der Herstellung beteiligt, so darf er das Baugeld in Höhe der Hälfte des angemessenen Wertes der von ihm in den Bau verwendeten Leistung, oder, wenn die Leistung von ihm noch nicht in den Bau verwendet worden ist, der von ihm geleisteten Arbeit und der von ihm gemachten Auslagen für sich behalten[5]).

Baugeld sind Geldbeträge, die zum Zwecke der Bestreitung der Kosten eines Baues in der Weise gewährt werden, daß zur Sicherung der Ansprüche des Geldgebers eine Hypothek oder Grundschuld an dem zu bebauenden Grundstücke dient oder die Übertragung des Eigentums an dem Grundstück erst nach gänzlicher oder teilweiser Herstellung des Baues erfolgen soll. Als Geldbeträge, die zum Zwecke der Bestreitung der Kosten eines Baues gewährt werden, gelten insbesondere:

1. **solche, deren Auszahlung ohne nähere Bestimmung des Zweckes der Verwendung nach Maßgabe des Fortschreitens des Baues erfolgen soll,**
2. **solche, die gegen eine als Baugeldhypothek bezeichnete Hypothek (§ 33) gewährt werden[6]).**

Zu § 1: KB. S. 30f., 48.

1. Empfänger von Baugeld: regelmäßig der Eigentümer der Baustelle, aber auch der, welcher den Bau mit Zustimmung des Eigentümers ausführt, auch der Erbbauberechtigte (s. Vorbem. zu § 61) der Generalunternehmer. Der Streit, ob nach Konkurseröffnung die Verwendungspflicht auf den Konkursverwalter übergeht (vgl. Goldbaum in der Jur. Wochenschr. 1911 S. 968 ff.) dürfte ohne erhebliche praktische Bedeutung sein, da der Konkursverwalter wohl kaum je in der Masse bares Baugeld vorfinden wird und der Baugeldgeber sich stets vorzubehalten pflegt, daß beim Konkurs die Pflicht zur Zahlung weiterer Raten erlischt.

2. Den Begriff des Baugelds regelt Abs. 3. Baugeld kann sowohl für einen Neubau als für einen Umbau gewährt werden. Auf Darlehen, die zwar zur Bestreitung der Kosten eines Baues nach Maßgabe seines Fortschreitens, aber gegen andere als die in diesem Paragraphen erwähnten Sicherheiten — z. B. gegen Bürgschaft, Hinterlegung von Wertpapieren, Wechsel u. dgl. — gewährt werden, findet die Verwendungspflicht dieses Paragraphen (im Gegensatz zu der Buchführungspflicht des § 2!) keine An-

wendung. Sicherung durch eine „als Baugeldhypothek bezeichnete Hypothek" ist nur da möglich, wo Abschn. 2 des Gesetzes eingeführt ist. Für die Verwendungspflicht genügt aber jede Form des hypothekarischen Eintrags, auch die der Grundschuld und ebenso die Sicherung des Baugeldes durch Vorbehalt des Eigentums für den das Baugeld vorstreckenden Grundeigentümer.

3. Der Begriff der Baugläubiger ist in den §§ 18, 19 näher geregelt, s. Erl. zu §§ 18, 19. Es fehlt in § 1 die Bestimmung des § 18, daß der Werk-, Dienst- oder Lieferungsvertrag von dem Eigentümer der Baustelle oder für seine Rechnung geschlossen sein muß. Entsprechend der Bestimmung des § 19, der grundsätzlich auch die sog. Nachmänner als Baugläubiger bezeichnet, wird also auch durch Zahlung an solche der Verwendungspflicht genügt. Dagegen fallen andere durch den Bau veranlaßte Schulden, die sich aber nicht auf die Herstellung des Baues selbst beziehen, nicht unter diesen Paragraph. Demgemäß ist die Zahlung von Kosten der notariellen Beurkundung, der Auflassung, Stempel, Umsatzsteuer, Abschlußprovision usw., aus dem Baugeld unzulässig. Es fehlen aber weiter in § 1 die für den Abschn. II gültigen Beschränkungen der Baugläubiger gemäß § 20. Der Verwendungspflicht wird also genügt auch durch Zahlung an einen Baugläubiger, mit dem eine andere Gegenleistung als Geld vereinbart war, sowie durch eine Zahlung, die vereinbarungsgemäß schon vor der Verwendung in den Bau erfolgen sollte (z. B. vereinbarte Anzahlungen oder Ratenzahlungen etwa an Handwerker, die das Material für die übernommenen Arbeiten ihrerseits kaufen und dann dessen Bearbeitung in ihren Werkstätten ausführen müssen). Abzüge, die der Baugeldgeber für vereinbarte Zinsen, Provisionen macht usw., mindern das Baugeld. Insoweit liegt also eine Verwendungspflicht des Empfängers nicht vor. Anteilmäßige Befriedigung aller Baugläubiger ist nicht vorgeschrieben. Der Baugeldempfänger darf beliebige Baugläubiger befriedigen.

4. Insoweit der Baugeldempfänger beliebige Baugläubiger

jeweilig vor Auszahlung der betr. Baugeldrate anderweit befriedigt hat, kann er mit dem Baugeld machen, was er will; er braucht also in der betr. Höhe nicht etwa die zurzeit noch unbefriedigten Baugläubiger zu befriedigen.

5. Unter die „eigenen Leistungen“ fallen nicht Vergütungen für die nicht berufsmäßige Mühewaltung, die in der Beaufsichtigung oder Leitung des Baues seitens eines beliebigen Bauherrn besteht (KB. S. 31—32), wohl aber die eigene Meistertätigkeit des Baugeldempfängers sowie die Berufstätigkeit des selbst bauenden Architekten, für die er sich also zur Hälfte aus dem Baugeld befriedigen darf. Dagegen ist volle Entnahme der an die eigenen Arbeiter oder Lieferanten geleisteten Zahlungen zulässig, da diese ja selbst Baugläubiger sind (KB. S. 48).

6. Die Verwendungspflicht dieses Paragraphen ist eine öffentlich-rechtliche Verpflichtung, die durch Vertrag nicht aufgehoben oder beschränkt werden kann. Eine vertragsmäßige Erweiterung (z. B. durch vereinbarten Wegfall der beiden im Gesetz zugelassenen Ausnahmen) wäre möglich, würde aber nur Vertragspflichten zwischen den Parteien begründen, nicht aber die im Gesetz selbst begründeten Folgen einer gesetzwidrigen Verwendung nach sich ziehen. Als solche ist im Gesetz ausdrücklich nur enthalten die Strafdrohung des § 5. Daneben hat es aber die Verwendungspflicht als solche positiv ausgesprochen. Sie gilt damit als Vertragspflicht des Baugeldempfängers gegenüber dem Baugeldgeber. Dieser kann Hergabe fälliger Raten des Baugeldes zu anderen als den im Gesetz vorgeschriebenen Zwecken verweigern. Auch gegenüber einem Dritten, auf welchen das Recht auf Auszahlung von Baugeld durch eine an sich zulässige Abtretung oder Pfändung übergegangen ist, steht dem Baugeldgeber dieses Recht zu (Literatur zu dieser schwierigen und bestrittenen Frage s. in dem Aufs. v. Kiefe, Jur. Wochenschr. 1911 S. 926 ff.). Im Verhältnis zu den Baugläubigern ist die Vorschrift der Verwendungspflicht ein den Schutz eines anderen bezweckendes Gesetz, § 823 Abs. 2 BGB., durch dessen schuldhafte Verletzung ein Schaden-

ersatzanspruch entsteht. Ein solcher wird aber regelmäßig nicht von dem einzelnen Baugläubiger verfolgt werden können — höchstens etwa auf künftige Unterlassung einer bereits begonnenen gesetzwidrigen Verwendung. Wohl aber könnten die sämtlichen Baugläubiger gemeinsam oder im Falle ausgebrochenen Konkurses der Konkursverwalter einen solchen Schadenersatzanspruch geltend machen, und zwar, was allein von praktischer Bedeutung ist, auch gegen den Baugeldgeber oder den dritten Empfänger einer unberechtigten Zahlung, wenn diese wissentlich dem Baugeldempfänger bei vorsätzlicher Verletzung seiner gesetzlichen Verwendungspflicht Beihilfe leisteten.

Als weitere mögliche Folge einer Verletzung der Verwendungspflicht kann Entziehung der Erlaubnis zum Gewerbebetrieb nach § 35 Abs. 5 GewOrdn. in Frage kommen, wenigstens bei absichtlichem oder grobfahrlässigem Verhalten des Baugeldempfängers.

Verpflichtung zur Führung eines Baubuchs.

§ 2. Zur Führung eines Baubuchs ist verpflichtet, wer die Herstellung eines Neubaues unternimmt und entweder Baugewerbetreibender ist oder sich für den Neubau Baugeld gewähren läßt[1]). Über jeden Neubau ist gesondert Buch zu führen.

Neubau im Sinne dieses Gesetzes ist die Errichtung eines Gebäudes auf einer Baustelle, die zur Zeit der Erteilung der Bauerlaubnis unbebaut oder nur mit Bauwerken untergeordneter Art oder mit solchen Bauwerken besetzt ist, welche zum Zwecke der Errichtung des Gebäudes abgebrochen werden sollen[2]).

Aus dem Baubuche müssen sich ergeben:

1. die Personen, mit denen ein Werk-, Dienst- oder Lieferungsvertrag abgeschlossen ist, die Art der diesen Personen übertragenen Arbeiten und die vereinbarte Vergütung;

2. die auf jede Forderung geleisteten Zahlungen und die Zeit dieser Zahlungen;
3. die Höhe der zur Bestreitung der Baukosten zugesicherten Mittel und die Person des Geldgebers sowie Zweckbestimmung und Höhe derjenigen Beträge, die gegen Sicherstellung durch das zu bebauende Grundstück (§ 1 Abs. 3), jedoch nicht zur Bestreitung der Baukosten gewährt werden;
4. die einzelnen in Anrechnung auf die unter Ziffer 3 genannten Mittel an den Buchführungspflichtigen oder für seine Rechnung geleisteten Zahlungen und die Zeit dieser Zahlungen;
5. Abtretungen, Pfändungen oder sonstige Verfügungen über diese Mittel;
6. die Beträge, die der Buchführungspflichtige für eigene Leistungen in den Bau aus diesen Mitteln

entnommen hat[3]).

Das Buch ist bis zum Ablaufe von fünf Jahren, von der Beendigung des letzteingetragenen Baues an gerechnet, aufzubewahren[4]).

KB. S. 29, 49. — Bgr. S. 26—27. KB. S. 4 f.

1. Die Buchführungspflicht ist in bezug auf Neubauten jedem Baugewerbetreibenden schlechthin und ferner jedem anderen, der sich Baugeld im Sinne des § 1 gewähren läßt, auferlegt. Unternehmer ist derjenige, welcher den Bau für eigene Rechnung herstellt oder dem von einem Dritten die schlüsselfertige Herstellung des ganzen Baus, nicht bloß einzelner Teile, z. B. Erd- und Maurerarbeiten, übertragen ist. Bei den sog. „Bauunternehmern" liegt meist der letztere Fall vor. Wer nicht zur Buchführung imstande ist, soll sich Hilfskräfte beschaffen. Die besonderen Vorschriften für Umbauten enthält § 3.

2. Der Begriff des Neubaues war in § 1 des Entw. (§ 9

des Ges.) enthalten und ist von dort hierher genommen. Der Entw. wollte ihn auf Gebäude zu Wohn- oder gewerblichen Zwecken beschränken und weiter sog. Abrißbauten ausnehmen. Er bestimmte deshalb die Anwendung nur auf Baustellen, welche während der letzten drei Jahre unbebaut oder mit Bauwerken untergeordneter Art besetzt waren. Diese beiden Beschränkungen sind in der RK. fallen gelassen, und es ist trotz lebhafter von den Kommissaren des Bundesrats geäußerter Bedenken positiv die Anwendung auf Baustellen, die mit abzubrechenden Gebäuden besetzt waren, ausgesprochen. Danach bezeichnet das Gesetz als Neubauten auch alle Ersatzbauten, sog. Abrißbauten — nicht aber Umbauten, Anbauten oder Reparaturbauten. — Letztere beiden fallen überhaupt nicht unter das Gesetz. Für Umbauten ist die Verwendungspflicht des § 1 und die Buchführungspflicht nach § 3 eingeführt, während der 2. Abschnitt des Gesetzes auf Umbauten keine Anwendung findet.

Neubauten sind nur solche Gebäude, die von Grund auf und zwar über der Erde aufgeführt werden und nicht bloß Gebäude „untergeordneter Art" sind. Neubauten sind also beispielsweise nicht Aufbauten von Stockwerken, Anbauten, Bauten unterirdischer Lagerkeller, Errichtung von Schuppen, Holzställen, Gerätehäuschen. Auch muß es sich um einen Bau auf einer selbständigen „Baustelle", nicht auf einem Teil eines bereits bebauten Grundstücks handeln.

3. Über den Inhalt des Baubuchs vgl. Formular S. 104 fg. Eingetragen müssen werden alle einzelnen Baugläubiger — also auch die Namen aller an dem Bau beschäftigten Arbeiter — sofern der zur Führung des Baubuchs Verpflichtete den betr. Werk-, Dienst- oder Lieferungsvertrag mit ihnen geschlossen hat, nicht aber die Nachmänner. Bezugnahme auf allgemeine Lohnvereinbarungen („Ortstarif") ist zulässig. Zur Bestreitung der Baukosten zugesicherte Mittel sind auch solche, die nicht Baugeld im Sinne des § 1 sind, also z. B. Kredite gegen Bürgschaft, Wechsel usw. Außerdem alle nicht zur Bestreitung der Baukosten, aber gegen Eintrag im Grundbuch gewährte Mittel,

z. B. hypothekarische Darlehen zum Abtrag des Kaufgeldes. Über Abtretungen und Pfändungen vgl. N. 6 zu § 1.

4. Die gesetzlichen Folgen der Verletzung der Buchführungspflicht erschöpfen sich ebenfalls in einer Strafdrohung (§ 6). In den Verhandlungen ist vielfach darauf hingewiesen, daß die Buchführungspflicht keineswegs bloß eine Last, sondern insofern ein großer Vorteil für die davon Betroffenen ist, als sie durch das Baubuch jederzeit in der Lage sind, jedem Interessenten Auskunft über die Verhältnisse des Baus und über Erfüllung der Verwendungspflicht des § 1 zu geben und sich über ihre Zuverlässigkeit und Kreditwürdigkeit auszuweisen. Ob auch eine Pflicht zur Vorlage des Baubuchs an Interessenten gemäß § 810 BGB. besteht, ist streitig, dürfte aber zu bejahen sein.

Umbauten.

§ 3. Die Vorschriften des § 2 finden auch auf Umbauten Anwendung, wenn für den Umbau Baugeld gewährt wird[1]).

1. Umbauten kommen nur an dieser Stelle im Gesetz vor. Die in Abschn. II geregelte dingliche Sicherung von Bauforderungen findet auf Umbauten keine Anwendung (vgl. § 9). Die Buchführungspflicht trifft also bei Umbauten nicht (wie bei Neubauten) den Baugewerbetreibenden als solchen, sondern sie tritt nur ein, wenn für den Umbau Baugeld gewährt wird. Sie trifft aber den Unternehmer des Neubaus auch dann, wenn das Baugeld nicht ihm, sondern dem Grundeigentümer gewährt wird. Über die Verwendungspflicht des § 1 bei Umbauten s. N. 2 zu § 1. Baugeld auch hier im Sinne des § 1 Abs. 3 (vgl. N. 2 zu § 1), nicht im Sinne des § 2 Abs. 3 Nr. 3 (vgl. N. 3 zu § 2).

Verpflichtung des Bauleiters zu sichtbarem Anschlag.

§ 4. Bei Neubauten ist der Bauleiter verpflichtet, an leicht sichtbarer Stelle einen Anschlag anzubringen, welcher den Stand, den Familiennamen und wenigstens einen ausgeschriebenen Vornamen sowie den Wohnort des Eigentümers, und, falls dieser die Herstellung des Gebäudes oder eines einzelnen Teiles des Gebäudes [1]) einem Unternehmer übertragen hat, des Unternehmers in deutlich lesbarer und unverwischbarer Schrift enthalten muß. Wird der Bau von einer Firma als Eigentümer oder Unternehmer ausgeführt, so ist diese und deren Niederlassungsort anzugeben [2]).

KB. S. 48.

1. Neubau: s. N. 2 zu § 3. Wer als „Unternehmer eines Teiles des Gebäudes" anzusehen ist, kann zweifelhaft sein. Es braucht sich nicht notwendig um einen räumlich begrenzten Teil zu handeln; auch der Unternehmer einer in sich zusammenhängenden Anlage — Heizungsanlage, Fahrstuhlanlage usw. — wird angegeben werden müssen. Anderseits sind natürlich nicht alle Handwerker, die Arbeiten für den Bau übernommen haben, anzugeben. Die Grenze wird der Sprachgebrauch („Unternehmer") bilden und deshalb flüssig sein. Man spricht allenfalls noch von einem Unternehmer der Dachdecker-, Zimmerarbeiten, aber wohl nicht mehr von einem Unternehmer der Glaser-, Schreiner-, Schlosser- usw. Arbeiten. Auch fehlt in den letzten Beispielen der räumliche Zusammenhang der Arbeiten, der sie als einen Teil des Gebäudes erscheinen ließe, zumal bei Arbeiten, die oft unter verschiedene Handwerker nach Art der Arbeiten (Fußböden, Fenster, Türen) oder nach Stockwerken usw. geteilt werden.

2. Folgen der Verletzung: Strafbestimmung des § 7.

Strafbestimmung bei Zuwiderhandlung gegen § 1.

§ 5. Baugeldempfänger, welche ihre Zahlungen eingestellt haben oder über deren Vermögen das Konkursverfahren eröffnet worden ist und deren im § 1 Abs. 1 bezeichnete Gläubiger zur Zeit der Zahlungseinstellung oder der Konkurseröffnung benachteiligt sind, werden mit Gefängnis nicht unter einem Monate bestraft, wenn sie vorsätzlich zum Nachteile der bezeichneten Gläubiger den Vorschriften des § 1 zuwidergehandelt haben.[1]) Sind mildernde Umstände vorhanden, so kann die Strafe bis auf einen Tag Gefängnis ermäßigt oder auf Geldstrafe bis zu dreitausend Mark erkannt werden.[2])

KB. S. 32—33.

1. Die dem § 240 KonkO. nachgebildete Vorschrift setzt objektive Benachteiligung auch nur einiger oder eines, nicht aller Baugläubiger — Verzugsschaden soll genügen — und weiter subjektiv ein Handeln in Benachteiligungsabsicht voraus. Nicht erforderlich ist, daß die Absicht auf Benachteiligung gerade der zur Zeit der Konkurseröffnung oder Zahlungseinstellung vorhandenen Gläubiger ging. Das Vergehen liegt auch vor, wenn der Betreffende z. B. Summen zu einer Zeit absichtlich bei Seite schaffte, als er die Verträge mit den schließlich benachteiligten Gläubigern noch nicht geschlossen hatte. Strafbar sind auch Teilnehmer, also eventuell der Baugeldgeber, der unberechtigte dritte Empfänger — ebenso auch Angestellte des Baugeldempfängers, sofern sie der Beihilfe schuldig sind, also wissentlich den Baugeldempfänger bei dessen vorsätzlicher Handlung unterstützten (vgl. N. 6 zu § 1).

2. Mildernde Umstände wären vor allem in dem etwaigen guten Glauben des Baugeldempfängers zu finden, daß er noch andere Mittel zur alsbaldigen Befriedigung der Baugläubiger besitze.

Strafbestimmung bei Zuwiderhandlung gegen §§ 2—3.

§ 6. Zur Führung eines Baubuchs verpflichtete Personen, welche ihre Zahlungen eingestellt haben oder über deren Vermögen das Konkursverfahren eröffnet worden ist und deren im § 2 Abs. 3 Ziffer 1 bezeichnete Gläubiger[1]) zur Zeit der Zahlungseinstellung oder der

Konkurseröffnung benachteiligt sind, werden mit Gefängnis bis zu einem Jahre oder mit Geldstrafe bis zu dreitausend Mark bestraft, wenn sie das vorgeschriebene Baubuch zu führen unterlassen, oder es verheimlicht, vernichtet oder so unordentlich geführt haben, daß es keine genügende Übersicht, insbesondere über die Verwendung der zur Bestreitung der Baukosten zugesicherten Mittel, gewährt[2]).

KB. S. 33.

1. Ein Unterschied zwischen den in §§ 5 und 6 in verschiedener Form bezeichneten Gläubigern liegt insofern vor, als das Baubuch natürlich nur solche Personen aufzuführen braucht, mit denen der Bauherr selbst Verträge abgeschlossen hat, während die Nachmänner, die ihm ja gar nicht bekannt zu sein brauchen, zwar als Baugläubiger im Sinne der §§ 1, 19 in Betracht kommen, aber nicht in dem Baubuch ersichtlich gemacht zu werden brauchen.

2. Das Vergehen gegen die Buchführungspflicht kann sowohl vorsätzlich als fahrlässig begangen werden. Fahrlässigkeit kann insbesondere vorliegen, wenn der Buchführungspflichtige keine geeignete Person zur Buchführung bestellte oder den Buchführer nicht genügend überwachte. Der mit der Buchführung Beauftragte macht sich durch Fahrlässigkeit nicht selbst strafbar, weil ihm die gesetzliche Buchführungspflicht nicht obliegt. Wohl aber kann er bei vorsätzlich falscher Buchführung, sofern er auf Veranlassung des Buchführungspflichtigen selbst oder im Einverständnis mit ihm handelt, als Gehilfe desselben strafbar werden."

Strafbestimmung bei Zuwiderhandlung gegen § 4.

§ 7. Mit Geldstrafe bis zu einhundertfünfzig Mark und im Unvermögensfalle mit Haft bis zu vier Wochen wird bestraft, wer den Vorschriften des § 4 zuwiderhandelt[1]).

1. Im Gegensatz zu den §§ 5, 6 bildet eine Zuwiderhandlung

gegen § 7 nur eine Übertretung, ist also ohne Rücksicht auf Vorsatz oder Fahrlässigkeit strafbar.

Übergangsbestimmung.

§ 8. Die Vorschriften dieses Abschnitts finden auf Bauten, die bereits vor dem Inkrafttreten des Gesetzes[1]) begonnen sind, keine Anwendung.

1. Das Gesetz ist am 21. Juni 1909 in Kraft getreten.

Zweiter Abschnitt.

Dingliche Sicherung der Bauforderungen.

Erster Titel.

Geltungsbereich dieses Abschnitts.

Einführung für einzelne Gemeinden durch landesherrliche Verordnung. Bauschöffenämter.

§ 9. In den durch landesherrliche Verordnung bestimmten Gemeinden[1]) findet im Falle eines Neubaues[2]) eine Sicherung der Bauforderungen nach den Vorschriften dieses Abschnitts statt[3]). Vor Erlassung der landesherrlichen Verordnung ist die Gemeinde, die amtliche Handelsvertretung, die Handwerkskammer des Bezirkes und die gesetzliche Arbeitervertretung zu hören[4]).

In den Gemeinden, in denen diese Sicherung der Bauforderungen stattfindet, sind Bauschöffenämter nach den Vorschriften des sechsten Titels zu errichten[5]).

E. § 1. Bgr. S. 26. KB. S. 4f., 35, 49f.

1. Im Gegensatz zum 1. Abschn., der ohne weiteres für das ganze Reich gilt, kann die Geltung des 2. Abschn. nur durch landesherrliche VO. für einzelne Gemeinden — nicht für Teile von solchen, wie früher in Aussicht genommen — in Kraft und ebenso nach § 65 wieder außer Kraft gesetzt werden. Für die freien Hansestädte: § 66. Voraussetzung ist erfolgte Anlegung

des Grundbuchs. Wo sie noch nicht erfolgt ist, kann nach Art. 189, 218 EG. z. BGB., § 1 EG. z. ZwangsvollstrG., § 82 GBO. die Landesgesetzgebung eingreifen, s. Bgr. S. 49 zu § 40. — Abweichungen vom Inhalt dieses Gesetzes können durch die landesherrliche Verordnung nur soweit eingeführt werden, als das Gesetz selbst es in den §§ 60, 63 gestattet.

2. Begriff des Neubaus s. § 2 und Anm. 2 das. — Umbauten, Anbauten, Nebengebäude scheiden aus. Die Verpflichtungen, welche dieser Abschnitt auferlegt, treffen grundsätzlich jeden Bauherrn eines Neubaus, nicht bloß den Baugewerbetreibenden oder den Empfänger von Baugeld, also auch den Privatmann, der ohne Baugeld, bloß für seinen eigenen Bedarf baut. Eine Ausnahme ist nur in § 12 Abs. 2 für den Fiskus, öffentliche Korporationen, Landesherren usw. gemacht, für welche aber § 12 Abs. 3 eine besondere, über die nach allgemeinen Vorschriften bestehende Haftung hinausgehende Haftung für Bauforderungen einführt.

3. Neben diesem Gesetz bleibt § 648 BGB. — Recht des Werkunternehmers auf Eintrag einer Vormerkung und Sicherheitshypothek — in Kraft. Nur kann nicht doppelte Sicherstellung nach beiden gesetzlichen Vorschriften gefordert werden. Bauforderungen im Sinne dieses Abschnitts (teilweise abweichend von Abschn. 1): s. §§ 18fg.

4. Die Pflicht zur Anhörung der verschiedenen Stellen ist vom RT. eingefügt. Keine Zustimmung derselben erforderlich. Bei der „gesetzlichen Arbeitervertretung" ist gedacht an die Arbeitskammern, deren Schaffung noch nicht erfolgt ist, aber nach an die Beisitzer beim Gewerbegericht aus dem Arbeiterstand und an ähnliche Stellen.

5. Die Bauschöffenämter sind ebenfalls erst vom RT. in das Gesetz hineingearbeitet. Tit. 6 (§§ 50—60) regelt lediglich ihre Organisation. Ihre Obliegenheiten sind enthalten in den §§ 12, 13: Feststellung der voraussichtlich entstehenden Baukosten, § 15: Feststellung des Baustellenwertes, § 21:

Herabsetzung des den üblichen Preis erheblich übersteigenden Betrags einer Bauforderung, § 22: Entgegennahme der Anmeldungen von Bauforderungen und der Zurücknahme von Anmeldungen, § 23: Bescheinigung wirksamer Anmeldungen, § 24: Anordnung der Rückgabe einer nach § 24 geleisteten Sicherheit, § 26: Vermittelung gütlicher Einigung der Beteiligten, § 27: Ersuchen um Löschung des Bauvermerks, § 30: Tätigkeit bei Eintrag der Bauhypothek, § 31: bei Feststellung des zu berücksichtigenden Lohnrückstandes von Akkordarbeitern, § 39: gegenüber dem Vollstreckungsgericht, § 46: Vermittelung gütlicher Einigung bei Sicherheitsleistung nach § 12 (Baukostenkaution), §§ 48, 49: Tätigkeit im Verteilungsverfahren, und bei Rückgabe einer nach § 13 geleisteten Sicherheit (Differenzkaution).

Ausnahme bei Ersatzbauten für versicherte Gebäude.

§ 10. Die Landeszentralbehörde kann bestimmen, daß und unter welchen Bedingungen die Vorschriften dieses Abschnitts auf einen Neubau keine Anwendung finden, wenn der Neubau an Stelle eines zerstörten und gegen die Zerstörung versicherten Gebäudes errichtet wird und der Versicherer nach den Versicherungsbedingungen nur verpflichtet ist, die Entschädigungssumme zur Wiederherstellung des versicherten Gebäudes zu zahlen.

E. § 1 Abs. 3. Bgr. S. 27.

1. Der E. sah diese Bestimmung nur für den Fall vor, daß sich der Wiederaufbau um mehr als drei Jahre verzögerte und dadurch zum Neubau im Sinne des E. wurde. Es war also an Bestimmung im Einzelfall gedacht. Nachdem das Gesetz alle Ersatzbauten zu Neubauten erklärt hat, wird eine allgemeine Bestimmung möglich sein. Die Notwendigkeit dieser Ausnahme ergibt sich daraus, daß eine nur zur Wiederherstellung eines Gebäudes, also in Raten nach dem Fortschreiten des Baues, zahlbare Versicherungssumme vom Eigentümer weder zu Vermeidung des Bauvermerks zur Sicherheits-

leistung wegen $1/3$ der Baukosten, noch beim Eintrag des Bauvermerks zur Ablösung der über den Baustellenwert hinausgehenden Hypotheken, oder zu Leistung einer Differenzkaution (§ 13) verwendet werden kann.

Schwierigkeiten werden sich in dem sehr häufigen Fall ergeben, wenn der Eigentümer an Stelle eines zerstörten alten Gebäudes ein neues besseres errichten will, dessen Baukosten die Versicherungssumme erheblich übersteigen. Diesen Schwierigkeiten muß durch die von der Landeszentralbehörde vorzuschreibenden Bedingungen Rechnung getragen werden.

Zweiter Titel.
Baubeginn.

Bauvermerk.

§ 11. Vor dem Beginne des Baues ist[1]) auf dem Grundbuchblatte der Baustelle der Vermerk, daß das Grundstück bebaut werden soll (Bauvermerk), einzutragen. Bildet die Baustelle nur einen Teil eines Grundstücks, so ist sie von dem Grundstück abzuschreiben und als selbständiges Grundstück einzutragen[2]).

Mit der Eintragung des Bauvermerkes erwerben die Baugläubiger den Anspruch auf Eintragung einer Hypothek für ihre Bauforderungen (Bauhypothek); der Bauvermerk hat die Wirkung einer Vormerkung zur Sicherung dieses Anspruchs[3]).

E. § 3. Bgr. S. 28 ff. KB. S. 10 ff.

1. Den Antrag auf Eintragung des Bauvermerks stellt die Baupolizeibehörde (§ 16). Erst wenn ihm entsprochen ist, darf sie die Bauerlaubnis erteilen (§ 13).

2. Was unter dem „Grundstück, das bebaut werden soll" zu verstehen ist, ist Tatfrage. Bei teilweiser Bebauung eines Grundstücks kann natürlich der Bauvermerk mit Zustimmung des Eigentümers auf das ganze Grundstück eingetragen werden. Große Schwierigkeiten können entstehen bei einem Neubau auf

einem größeren, bereits teilweise bebauten Grundstück. Denn die nach § 13 zu leistende Differenzkaution berücksichtigt gegenüber den eingetragenen Belastungen nur den Baustellenwert, nicht den Wert der auf der Baustelle bereits vorhandenen und stehenbleibenden Gebäude. Allerdings scheiden Anbauten, Umbauten und auch bloße Nebengebäude überhaupt aus (Begr. S. 27). Aber wo selbständige neue Gebäude errichtet werden sollen, bleibt nichts übrig, als die neue Baustelle als selbständiges Grundstück eintragen zu lassen und dessen Freigabe von den bestehenden Hypotheken oder deren Nachstandserklärung gegenüber dem Bauvermerk herbeizuführen. Wenn das nicht zu erreichen ist, hilft nur Sicherheitsleistung bzl. eines Drittels der Baukosten nach § 12. (Begr. S. 30.)

3. Also eine Vormerkung zur Sicherung zukünftiger Rechte unbestimmter Personen in unbestimmter Höhe.

Ausnahmen.

§ 12. Die Eintragung eines Bauvermerkes unterbleibt[1][2], wenn in Höhe eines Betrags, der nach dem Ermessen des Bauschöffenamts den dritten Teil der voraussichtlich entstehenden Baukosten erreicht[3], Sicherheit durch Hinterlegung von Geld oder Wertpapieren geleistet ist. Mit Wertpapieren, die von der Reichsbank in der ersten Lombardklasse beliehen werden, kann Sicherheit in Höhe von neun Zehnteln ihres Kurswerts geleistet werden[4].

Die Eintragung eines Bauvermerkes unterbleibt ferner bei Grundstücken des Fiskus und solchen Grundstücken, welche einer Körperschaft, Stiftung oder Anstalt des öffentlichen Rechtes gehören oder einem dem öffentlichen Verkehre dienenden Bahnunternehmen gewidmet sind, bei Grundstücken, die nach landesherrlicher Verordnung ein Grundbuchblatt nur auf Antrag erhalten, sowie bei Grundstücken eines Landesherrn und den Grundstücken,

welche zum Hausgut oder Familiengut einer landesherrlichen Familie, der Fürstlichen Familie Hohenzollern, der Familie des vormaligen Hannoverschen Königshauses, des vormaligen Kurhessischen, des vormaligen Herzoglich Nassauischen oder des Herzoglich Holsteinischen Fürstenhauses gehören.

Die Eigentümer der im Abs. 2 bezeichneten Grundstücke haften in Höhe des dritten Teiles der aufgewendeten Baukosten den Baugläubigern in gleicher Weise, wie wenn in Höhe dieses Betrags Sicherheit geleistet wäre[5]).

E. §§ 2, 4. Bgr. S. 27 ff. KB. S. 12, 51.

1. Falls nach diesem Paragraphen Sicherheit geleistet wird, fällt die besondere dingliche Sicherung, welche Bauvermerk und Bauhypothek den Baugläubigern geben, fort. Es haftet bloß die Sicherheit gemäß §§ 41 ff. Natürlich bleibt daneben auch in diesem Falle das Recht aus § 648 BGB. auf Einräumung einer Sicherungshypothek in seinem seitherigen Umfang (s. N. 3 zu § 9).

2. Nachträgliche Löschung des Bauvermerks bei nachträglicher Sicherheitsleistung: § 17.

3. Gegen die Schätzung der Baukosten durch das Bauschöffenamt gibt es kein Rechtsmittel. Nur kann durch das Statut u. a. auch für Einwendungen gegen die Höhe der Baukosten die Zuziehung einer größeren Zahl von Mitgliedern vorgesehen werden (§ 57).

4. An sich finden auf die Sicherheit die Vorschriften des BGB. §§ 232, 234 Anwendung. Abs. 1 Satz 2 macht nur die Ausnahme, daß mit solchen mündelsicheren Papieren, die von der Reichsbank in der ersten Klasse beliehen werden, Sicherheit statt bis zu $^3/_4$ bis zu $^9/_{10}$ ihres Kurswertes geleistet werden kann. Übrigens gilt diese Ausnahme nur für die nach diesem Paragraphen oder dessen Ergänzung in § 13 Abs. 2 zu leistende Sicherheit, nicht für eine nach § 13 Abs. 1 zu leistende Differenz-

kaution (vgl. N. 2 zu § 13). Maßgebend sind die jeweiligen Bestimmungen über den Geschäftsverkehr der Reichsbank.

Über nachträgliche Änderung des Bauplans und dadurch bedingte Erhöhung der Sicherheit s. § 13 Abs. 2.

Die Hinterlegung erfolgt nicht etwa bei der Baupolizeibehörde, sondern bei einer landesgesetzlichen Hinterlegungsstelle und muß demnächst der Baupolizeibehörde nachgewiesen werden.

5. Das Gesetz befreit die in Abs. 2 Genannten nur von der Verpflichtung zum Eintrag des Bauvermerks oder der Sicherheitsleistung, läßt sie aber in Höhe eines Drittels der wirklich aufgewendeten, nicht der voraussichtlich entstehenden (s. Abs. 1) Baukosten den Baugläubigern ebenso haften, wie wenn die Sicherheit geleistet wäre. Sie haften also in Höhe dieses Drittels insbesondere auch dann, wenn sie nicht selbst bauen, sondern ein Dritter mit ihrer Genehmigung (etwa der Pächter), sowie auch für Forderungen der Nachmänner. Die auch diesen bevorzugten Bauherren damit auferlegte Pflicht zu sorgfältiger Auswahl der Bauunternehmer mit ihrer erheblichen Beweislast (vgl. § 19) soll die Verluste verhüten, welche die Bauhandwerker nachgewiesenermaßen gerade bei fiskalischen und kommunalen Bauten häufig durch unzuverlässige Unternehmer erlitten haben. In allen diesen Fällen liegt eine auf dem Gesetz selbst beruhende, durch Vertrag nicht auszuschließende (vgl. § 62) Haftung vor, der sich die befreiten Eigentümer auch nicht durch Verweisung des betr. Baugläubigers auf dessen vertragsmäßigen Schuldner entziehen können. Nur ein Rückgriff gegen diesen nach erfolgter Zahlung ist gemäß den allgemeinen gesetzlichen Bestimmungen gegeben.

Aus Abs. 3 („in gleicher Weise") folgt, daß auch in diesen Fällen das Verteilungsverfahren nach §§ 41 ff. ebenso zulässig ist, wie wenn die Sicherheit hinterlegt wäre, daß also zunächst nur $^2/_3$ ohne Gefahr ausbezahlt werden können, während bezüglich des dritten Drittels abgewartet werden muß, ob in der Frist des § 45 (ein Monat nach Veröffentlichung der Gebrauchsabnahme) ein Antrag auf Verteilungsverfahren gestellt wird. Die näheren Vorschriften für das Verteilungsverfahren enthält für diesen besonderen Fall der von der RK. eingefügte § 47.

Voraussetzungen der Bauerlaubnis. Differenzkaution.

§ 13. Die Baupolizeibehörde darf die Bauerlaubnis nur erteilen, wenn nach § 12 die Eintragung eines Bauvermerkes zu unterbleiben hat oder wenn der Bauvermerk eingetragen ist und entweder die dem Bauvermerke vorgehenden oder ihm gleichstehenden Belastungen drei Vierteile des Baustellenwerts nicht übersteigen oder in Höhe des Überschusses Sicherheit durch Hinterlegung von Geld oder Wertpapieren geleistet ist. Gleichstehende Belastungen werden bei der Berechnung der Sicherheit nur insoweit berücksichtigt, als ihr Kapitalbetrag ein Viertel des Baustellenwerts übersteigt[1][2].

Wird nach Erteilung der Bauerlaubnis die baupolizeiliche Genehmigung solcher Änderungen des Bauplans beantragt, welche nach dem Ermessen der Baupolizeibehörde die Baukosten nicht unwesentlich erhöhen, so bedarf es vor Erteilung der Genehmigung, wenn nach § 12 Sicherheit geleistet ist, einer entsprechenden, vom Bauschöffenamte festzusetzenden Erhöhung dieser Sicherheit[3].

E. § 5. Bgr. S. 30 ff. RB. S. 51 f.

1. Der E. § 5 verlangte, falls die dem Bauvermerk vorgehenden Belastungen den Baustellenwert übersteigen, Sicherheitsleistung in Höhe dieses Überschusses. Die RK. hat an die Stelle des vollen Wertes nur $^3/_4$ dieses Wertes gesetzt, sonach den Rang des Bauvermerks und der ihm eventuell vortretenden Baugeldhypothek um $^1/_4$ des Baustellenwertes vorgerückt oder aber die Differenzkaution um $^1/_4$ des Baustellenwertes erhöht. Weiter sieht sie auch eine Berechnung der dem Bauvermerk gleichstehenden Belastungen vor, jedoch nur insoweit, als diese $^1/_4$ des Bau-

stellenwertes übersteigen. Wenn also Belastungen von höchstens ¼ des Baustellenwertes in gleichem Rang mit dem Bauvermerk eingetragen sind, so kommen diese bei Berechnung der Differenzkaution nicht in Betracht. Diese Regelung ist sehr verwickelt. Beispiel: Baustellenwert 20000 Mk. Eingetragene Belastungen mit Vorrang: 30000 Mk. Differenzkaution: 15000 Mk. Gehen von den 30000 Mk. nur 15000 Mk. vor, während 15000 Mk. gleichen Rang wie der Bauvermerk haben, Differenzkaution: 10000 Mk. Um den Betrag der geleisteten Differenzkaution vermindert sich später die an Stelle des Bauvermerks einzutragende Bauhypothek (§ 27 Abs. 5).

2. Die Vorschrift des § 12 Abs. 1 Satz 2 findet hier keine Anwendung. Es kann also in allen Fällen Sicherheit nur in Höhe von ¾ des Kurswerts der betreffenden Papiere geleistet werden (KB. S. 53).

3. Abs. 2 ebenfalls Zusatz der RK. Es hat also zunächst die Baupolizeibehörde zu entscheiden, ob eine „nicht unwesentliche" Erhöhung der Baukosten vorliegt. Bejaht sie diese Frage, so setzt nunmehr das Bauschöffenamt die Erhöhung der Sicherheit fest — natürlich nur, falls überhaupt eine solche nach § 12 geleistet ist. Ist der Bauvermerk eingetragen und ev. Differenzkaution geleistet, so ist Abs. 2 nicht anwendbar, weil ja in diesem Fall die Höhe der Baukosten überhaupt gleichgültig ist.

Feststellung der Belastungen.

§ 14. Bei der Feststellung der Belastungen kommen nur[1]) in Ansatz:

1. Hypotheken und Grundschulden mit ihrem Kapitalbetrag und zweijährigen Zinsen[2]);
2. Rentenschulden und solche Reallasten, welche die Leistung von Geldrenten zum Gegenstande haben, mit ihrer Ablösungssumme;
3. nicht ablösbare Geldrenten mit ihrem nach § 9 der Zivilprozeßordnung zu berechnenden Werte;

4. die nach dem öffentlichen Rechte auf dem Grundstücke lastende Verpflichtung zur Leistung von Beiträgen für die Kosten der Herstellung einer Straße oder eines Abzugskanals; der Betrag dieser Lasten wird von der Baupolizeibehörde geschätzt, sofern er nicht bereits in einem amtlichen Verfahren festgestellt ist.

Rechte, die durch Eintragung einer Vormerkung oder eines Widerspruchs gesichert sind, stehen eingetragenen Rechten gleich.

Zu einer Rangänderung, durch die dem Bauvermerke der Vorrang vor anderen Rechten oder der gleiche Rang mit ihnen eingeräumt wird, genügt an Stelle der Einigung des zurücktretenden und des vortretenden Berechtigten die Erklärung des zurücktretenden Berechtigten gegenüber dem Grundbuchamte[3]).

E. § 6. Bgr. S. 31.

1. Nicht in Betracht kommen Nießbrauchs- und Wohnungsrechte, da diese nach § 32 — in Abweichung von der Reihenfolge des Grundbuchs — der Bauhypothek nachstehen (s. Bgr. S. 42). Ferner bleiben Steuern und Grunddienstbarkeiten außer Betracht, da sie entweder die Höhe des Baustellenwertes beeinflussen oder nur von vorübergehender Bedeutung sind. Wegen des Erbbaurechts s. § 61.

2. Das Gesetz schreibt Berechnung zweijähriger Zinsen bei allen Hypotheken und Grundschulden vor. Eine Ausnahme wird zu machen sein bei der Höchstbetragshypothek des § 1190 BGB., denn dieser Paragraph bestimmt ausdrücklich, daß die Zinsen, wenn die Forderung verzinslich ist, in den Höchstbetrag eingerechnet werden. Allerdings besteht die Möglichkeit der Umwandlung (§ 1186) und des Eintrags von Zinsen (§ 1119). Allein diese Möglichkeit dürfte wohl ebensowenig in Betracht

kommen, wie das Recht, eingetragene niedrigere Zinsen auf 5 % zu erhöhen; es werden im letzteren Fall die Zinsen nur in der eingetragenen Höhe zu berechnen sein.

3. Veranlassung zu einer Rangänderung wird häufig gegeben sein, sowohl schon vor Eintrag des Bauvermerks, als wenn sich erst nach Eintrag des Bauvermerks ergibt, daß die voreingetragenen Rechte den Baustellenwert übersteigen. Zu dem Zweck mußte § 880 BGB., der die Einigung des zurücktretenden und des vortretenden Berechtigten erfordert, abgeändert und die einseitige Erklärung des Zurücktretenden für genügend erklärt werden. Zustimmung des Eigentümers ist daneben erforderlich nach § 880 Abs. 2 Satz 2 BGB.

Feststellung des Baustellenwerts.

§ 15. Die Feststellung des Baustellenwerts erfolgt durch das Bauschöffenamt[1]).

Als Baustellenwert gilt der Wert der unbebauten Baustelle[2]). Ist die Baustelle zur Zeit der Erteilung der Bauerlaubnis mit Bauwerken besetzt, welche zum Zwecke der Errichtung eines Gebäudes abgebrochen werden sollen, so ist der Baustellenwert in der Weise zu ermitteln, daß zunächst der nach Fertigstellung des Neubaues sich ergebende Wert des Grundstücks geschätzt wird und von diesem Werte die Kosten des Neubaues und des Abrisses abgezogen werden[3]).

Im übrigen werden die Grundsätze für die Bemessung des Baustellenwerts und das Feststellungsverfahren durch landesherrliche Verordnung bestimmt.

E. § 7. Bgr. S. 31. KB. S. 37ff.

1. Gegen diese Feststellung gibt es kein Rechtsmittel, sondern auch hier nur die Möglichkeit, daß im Statut die Zuziehung einer größeren Zahl von Mitgliedern „bei Einwendungen gegen die Feststellung des Baustellenwerts" vorgeschrieben wird (§ 57 vgl. § 12 Nr. 3).

2. Die in einem früheren Entwurf enthaltene Bestimmung, daß generelle Schätzung für ganze Bezirke erfolgen und maßgebend sein solle, sofern nicht der Eigentümer spezielle Schätzung verlange, ist nicht wiederholt, aber bei der Beratung als empfehlenswert bezeichnet.

3. Bei Abrißbauten ist dies der praktisch allein gangbare Weg, weil ein Handel mit Bauplätzen in einer Gegend, wo man alte Häuser abreißt, nicht stattfinden wird und somit die Grundlage für eine Preisschätzung der unbebauten Baustelle fehlt.

Eintragung des Bauvermerks.

§ 16. Die Eintragung des Bauvermerkes erfolgt auf Ersuchen der Baupolizeibehörde[1]).

Von der Eintragung hat das Grundbuchamt der Baupolizeibehörde Mitteilung zu machen. In der Mitteilung ist der Gesamtbetrag der im § 14 Abs. 1 Nr. 1 bis 3 bezeichneten, dem Bauvermerke vorgehenden oder ihm gleichstehenden Belastungen anzugeben[2]).

E. § 8. Bgr. S. 32.

1. Sie bestimmt den zweckmäßigen Zeitpunkt des Ersuchens, entweder alsbald bei Eingang des Antrags auf Bauerlaubnis, oder, falls deren Erteilung zweifelhaft ist, erst dann, wenn die Erteilung für wahrscheinlich erachtet wird. Unter Umständen muß Teilung und Neueintragung der zu bebauenden Parzelle vorausgehen (s. § 11), worüber sich der Eigentümer zweckmäßig vor Stellung von Anträgen an das Grundbuchamt mit der Baupolizeibehörde verständigen wird. Auch muß sie dessen Zustimmung erfordern, wenn nicht er selbst, sondern ein Dritter (Pächter, Nießbraucher) den Antrag auf Bauerlaubnis stellt.

2. Nach Eingang dieser Mitteilung des Grundbuchamts über die Belastungen und der Mitteilung des Bauschöffenamts über den Baustellenwert hat nun die Baupolizeibehörde — ev. nach der ihr selbst nach § 14 Nr. 4 obliegenden Schätzung — festzustellen, ob und in welcher Höhe Differenzkaution zu leisten

ist, und hierüber dem Antragsteller einen Bescheid zu geben, gegen den die allgemeinen Rechtsmittel gegen polizeiliche Verfügungen zulässig sind. Erst nach dem Nachweis der erfolgten Hinterlegung wird die Bauerlaubnis erteilt.

Löschung des Bauvermerks.

§ 17. Der Bauvermerk wird gelöscht, wenn dem Grundbuchamt eine Bescheinigung der Baupolizeibehörde vorgelegt wird, daß vor dem Beginne des Baues [1]) die Bauerlaubnis erloschen oder daß nachträglich vor dem Beginne des Baues gemäß § 12 Sicherheit geleistet worden ist. Das Gleiche gilt, wenn die Baupolizeibehörde das auf Eintragung des Bauvermerkes gerichtete Ersuchen vor dem Beginne des Baues zurücknimmt.

E. § 9. Bgr. S. 32.

1. Das Erlöschen der Bauerlaubnis nach dem Beginn des Baues regelt § 22 Abs. 1 Satz 2.

2. Rückgabe einer nach § 13 bereits geleisteten Sicherheit im gleichen Fall regelt § 49.

Dritter Titel.

Baugläubiger.

Baugläubiger.

§ 18. Baugläubiger sind die an der Herstellung des Gebäudes [1]) auf Grund eines Werk- oder Dienstvertrags Beteiligten [2]) sowie diejenigen, welche zur Herstellung des Gebäudes Sachen geliefert [3]) haben, sofern die Werk-, Dienst- oder Lieferungsverträge von dem Eigentümer [4]) der Baustelle oder für seine Rechnung [5]) geschlossen worden sind. Dem Eigentümer der Baustelle steht gleich, wer den Bau mit Zustimmung des Eigentümers als Bauherr ausführt [6]) [7]).

E. § 10. Bgr. S. 32 ff. KB. S. 38, 53 ff.

1. Nur des Gebäudes bzw. seiner Bestandteile, nicht des beweglichen Zubehörs, welches dem Hypothekengläubiger erst mit dem Übergang in das Eigentum des Grundeigentümers haftet (BGB. § 1120), bei dem sich also der Gläubiger durch Eigentumsvorbehalt schützen kann, vgl. auch Nr. 3 zu § 1.

2. Baugläubiger ist auch der Architekt, der auf Grund eines Werkvertrags Baupläne anfertigt, der Schachtmeister, der Erdarbeiten ausführt, der Fuhrmann, der Materialien anfährt, ersterer aber nur für die ausgeführten, nicht allgemein für beliebige sonstige Pläne. Gärtner sollen nach den Verhandlungen in der RK. als Baugläubiger insoweit gelten, als die Errichtung gärtnerischer Anlagen innerhalb einer Baustelle auf Grund einer baupolizeilichen Vorschrift erfolgt. Erfolgt sie ohne eine solche, so sollen die Gärtner auch dann nicht als Baugläubiger zu betrachten sein, wenn die betreffende Anlage baupolizeilich genehmigt ist. Weitergehende Anträge sind von der RK. abgelehnt.

3. Den „Lieferanten" war das Recht des § 648 BGB. nicht beigelegt. Ihre Aufnahme in den Kreis der Baugläubiger war früher lebhaft bekämpft, mußte aber im Entwurf schon mit Rücksicht auf die Vorschriften über den Rang der Baugeldhypothek und der auf diese zu leistenden Zahlungen (s. § 34) erfolgen und blieb in der RK., welche die Verwendungspflicht des § 1 noch hinzugefügt hatte, unangefochten.

4. Dem Eigentümer steht nach § 61 Abs. 3 der Erbbauberechtigte gleich.

5. Falls ein Dritter als Beauftragter des Eigentümers oder als Geschäftsführer ohne Auftrag Verträge in eigenem Namen, aber für Rechnung des Eigentümers geschlossen hat im Gegensatz zu dem Generalunternehmer, der die Verträge auf eigene Rechnung schließt (über diesen vgl. § 19). Von praktischer Bedeutung besonders der Fall des mit der Ausführung des Baues beauftragten Architekten, bei dem häufig die Grenzen zweifelhaft sind, innerhalb deren er die Bauarbeiten nur mit oder ohne Zustimmung des Bauherrn zu vergeben hat. Auch soweit er in Überschreitung seiner Vollmacht, also als Geschäftsführer

ohne Auftrag handelt, sind hiernach die von ihm begründeten Forderungen Bauforderungen.

6. Falls z. B. der Käufer des Grundstücks den Bau übernimmt, während er das Eigentum erst nach Vollendung des Baues erhalten soll. Bau des Ehemannes auf Grundstück der Ehefrau, des Pächters, Nießbrauchers. Entscheidend ist in diesem Satz das Wort „als Bauherr".

7. Der, dem der Baugläubiger seine Rechte abtritt, erhält dadurch die gleichen Rechte.

Nachmänner.

§ 19. Hat der Eigentümer die Herstellung des Gebäudes oder eines einzelnen Teiles des Gebäudes [1]) einem Unternehmer übertragen, so sind die im § 18 Satz 1 bezeichneten Personen auch dann Baugläubiger, wenn die Verträge von dem Unternehmer oder im Falle der Weiterübertragung der Herstellung an andere Unternehmer [2]) von einem solchen geschlossen worden sind. Den von einem Unternehmer geschlossenen Verträgen stehen Verträge gleich, die für seine Rechnung geschlossen worden sind.

Die Vorschriften des Abs. 1 finden keine Anwendung, wenn dem ersten Unternehmer die zur Herstellung erforderlichen Mittel zu Gebote standen und er die Absicht hatte, die aus der Herstellung für ihn erwachsenden Verbindlichkeiten in vollem Umfange zu erfüllen [3]). Die Beweislast für diese Umstände trifft den Eigentümer, es genügt jedoch statt des Nachweises des Vorhandenseins ausreichender Mittel oder der Absicht, die Verbindlichkeiten zu erfüllen, der Nachweis, daß dem Eigentümer das Nichtvorhandensein ausreichender Mittel oder jener Absicht ohne grobe Fahrlässigkeit [4]) unbekannt war.

Hat ein Bauherr, der den Bau mit Zustimmung des Eigentümers ausführt, die Herstellung des Gebäudes

einem Unternehmer übertragen, so finden die Vorschriften der Abs. 1, 2 entsprechende Anwendung. Jedoch ist zum Ersatze des Nachweises des Vorhandenseins ausreichender Mittel oder der Absicht, die Verbindlichkeiten zu erfüllen, der Nachweis erforderlich, daß sowohl dem Eigentümer als auch dem Unternehmer das Nichtvorhandensein ausreichender Mittel oder jener Absicht ohne grobe Fahrlässigkeit unbekannt war.

E. § 11. Bgr. S. 34—36, KB. S. 14f., 39, 54.

1. Über die Voraussetzungen, unter denen die Übertragung eines einzelnen „Teils eines Gebäudes" an einen Unternehmer vorliegt, s. Nr. 1 zu § 4. Hiernach ist nicht etwa jeder Geselle eines für den Bau beschäftigten Handwerkers ohne weiteres Baugläubiger.

2. Es muß streng unterschieden werden zwischen der Vergebung einzelner Arbeiten durch den Unternehmer und der Weiterübertragung der Herstellung durch ihn an andere Unternehmer. Nur in letzterem Fall gelten auch diejenigen als Nachmänner, mit denen ein solcher Unternehmer Verträge für den Bau abgeschlossen hat. Beispiel: 1. Generalunternehmer, 2. Unternehmer der gesamten Heiz- und Beleuchtungsanlage, 3. Lieferant der Heiz- oder Beleuchtungskörper, 4. die für dessen Geschäft tätigen Lieferanten oder Arbeiter: 2 und 3 sind Nachmänner, die zu 4 Genannten n i c h t

3. Der E. sah die Aufnahme von sog. Nachmännern unter die Baugläubiger nur für den Fall vor, daß der Eigentümer w u ß t e oder infolge g r o b e r Fahrlässigkeit nicht wußte, daß dem Unternehmer die erforderlichen Mittel nicht zu Gebote standen oder er nicht die Absicht der vollen Erfüllung der von ihm mit den Nachmännern geschlossenen Verträge hatte. — Die jetzige Regelung macht die Nachmänner grundsätzlich zu Baugläubigern, läßt aber eine Ausnahme zugunsten des Eigentümers bei zahlungsfähigen und erfüllungsbereiten Unternehmern zu und kehrt damit die Beweislast um. Sie wurde

in der RK. von den Kommissaren des Bundesrats lebhaft bekämpft, aber gleichwohl angenommen. Dem Eigentümer, der hiernach an sich den Nachmännern des Unternehmers haftet, ist ein schwieriger Exkulpationsbeweis auferlegt, der sich sogar im Fall des Abs. 3 noch verdoppelt. — Er wird also nur mit äußerster Vorsicht an den Unternehmer zahlen können und häufig in der Lage sein, zur Vermeidung doppelter Haftung entweder von dem Unternehmer den Nachweis zu fordern, daß er die Baugläubiger seinerseits befriedigt hat, oder mit dessen Zustimmung Zahlungen an diese direkt zu leisten. Ein Verzicht der Nachmänner auf Ansprüche an den Bauherrn ist nur nach Maßgabe des § 62 möglich.

4. Der Begriff der „groben Fahrlässigkeit" ist auch im BGB. nicht ausdrücklich festgestellt, sondern wird als bekannt vorausgesetzt. Als grob gilt eine alles und jedes Maß überschreitende Fahrlässigkeit.

5. Alle Nachmänner haben nur ein Recht auf dingliche Sicherung in Bezug auf den Bau, also Anteil an der Bauhypothek bzw. an den verschiedenen nach Maßgabe dieses Abschn. zu hinterlegenden Sicherheiten, dagegen keine persönliche Forderung gegen den Eigentümer — abgesehen von dem besonderen Fall des § 12 Abs. 3. Über den Fall doppelter Anmeldung einer Forderung durch Vormann und Nachmann s. § 28.

Umfang der Bauforderungen.

§ 20. Als Bauforderung gilt nur der Anspruch eines Baugläubigers auf die in Geld vereinbarte Vergütung[1]); der Anspruch kommt nur insoweit in Betracht, als die Leistung in den Bau verwendet worden ist[2]). Ist diese Verwendung nicht vollständig erfolgt, so ist die vereinbarte Vergütung in dem Verhältnisse herabzusetzen, in welchem bei dem Abschlusse des Vertrags der Wert der vereinbarten Leistung zu dem Werte der in den Bau verwendeten Leistung gestanden haben würde.

Der Verwendung der Leistung in den Bau steht es gleich, wenn in den Bau einzufügende Sachen fertiggestellt und abgeliefert sind oder wenn die Verwendung in den Bau infolge Annahmeverzugs des Eigentümers oder Bauunternehmers unterblieben ist[8]).

E. § 12. Bgr. S. 36f. KB. S. 15ff.

1. Der Begriff der Bauforderungen im Sinne dieses Paragraphen ist enger als nach § 1 (vgl. Nr. 3 zu § 1). Während der Verwendungspflicht des § 1 ohne Rücksicht auf die in § 20 enthaltenen Beschränkungen der Bauforderungen genügt wird, findet eine dingliche Sicherung derselben nach Abschn. II nur mit diesen Beschränkungen statt — also nur für vereinbarte Geldleistungen und nur nach erfolgter Verwendung in den Bau, dagegen nicht für andere vereinbarte Gegenleistungen als Geld, nicht für vereinbarte Schadenersatz- oder sonstige Nebenleistungen, Vertragsstrafen, Zinsen (s. § 27 Abs. 4) und schließlich nicht für Geldzahlungen, die vereinbarungsgemäß vor Verwendung in den Bau zu leisten sind. — Vereinbarung einer in Geld zu leistenden Vergütung liegt selbstverständlich auch vor, wenn nicht eine zahlenmäßige Vereinbarung erfolgt, sondern Lieferung zu angemessenem Preis vereinbart ist. Nur insoweit als eine andere Gegenleistung als Geld vereinbart und somit Geldzahlung ausgeschlossen ist — z. B. Abtrag der Bauforderung durch Gegenlieferung von Steinen, von Schreiner-, Schlosser- oder anderen Handwerkerarbeiten — liegt eine Bauforderung im Sinne dieses Paragraphen nicht vor.

2. Glaubhaftmachung der Verwendung beim Antrag auf einstweilige Verfügung: s. § 23, im Verteilungsverfahren: § 42.

3. Abs. 2 ist Zusatz der RK. Der Gläubiger kann sich freilich durch Eigentumsvorbehalt bis zur tatsächlichen Verwendung in den Bau schützen. Abs. 2 schützt ihn auch für den Fall, daß er ohne einen solchen Vorbehalt abgeliefert hat oder durch Annahmeverzug an der Ablieferung gehindert ist,

und selbst für den Fall des erfolgten Vorbehalts. Er ist in diesem Fall nicht gezwungen, von dem Vorbehalt Gebrauch zu machen, kann vielmehr trotzdem die Rechte aus Abschn. II geltend machen — selbstverständlich aber dann nicht gleichzeitig auf Grund des Eigentumsvorbehalts die Sachen zurücknehmen und damit deren Verwendung in den Bau hindern.

Herabsetzung übermäßiger Forderungen.

§ 21. Wird bei der Vereinbarung einer Vergütung die übliche Vergütung offenbar in erheblichem Maße[1]) überschritten, so hat das Bauschöffenamt auf Verlangen eines Beteiligten zu bestimmen, daß die Forderung nur in Höhe des Betrags berücksichtigt[2]) wird, welcher dem üblichen Preise entspricht, und diesen Betrag festzusetzen[3]).

Soweit nach § 29 Abs. 2, 3 eine Umwandlung der Bauhypothek eingetreten oder im Verteilungstermin ein Widerspruch gegen die Bauforderungen nicht erhoben ist, findet eine Herabsetzung des Betrags einer Bauforderung nach Abs. 1 nicht mehr statt[4]).

E. § 13. Bgr. S. 37f. KB. S. 17, 40.

1. Über andere Streitpunkte — etwa Einwendungen des Schuldners gegen die Vertragsmäßigkeit der Lieferung — hat das Bauschöffenamt nicht zu entscheiden. Nicht jede, sondern nur eine erhebliche und offenbare Überschreitung der üblichen Vergütung kommt in Betracht. Keine Herabsetzung von Amtswegen, sondern nur auf Antrag eines Beteiligten — des Grundeigentümers, eines anderen Baugläubigers, — aber auch, da durch Herabsetzung einer Anmeldung insoweit nicht etwa eine Eigentümergrundschuld entsteht, sondern die Entstehung einer Hypothek überhaupt ausgeschlossen wird, eines nachgehenden Hypothekengläubigers.

2. Die Entscheidung bezieht sich nur auf die Berücksichtigung beim Eintrag als Bauhypothek, also auf die Teilnahme an der in diesem Gesetz gewährten dinglichen Sicherstellung, nicht

auf die Feststellung der Forderung an sich. Deshalb schien der RK. die Bestimmung der Höhe durch ein Sachverständigenkollegium in einziger Instanz unbedenklich. — Im übrigen also bleibt dem Gläubiger sein Anspruch und die Möglichkeit, ihn im Rechtsweg zu verfolgen, was jedenfalls überall da, wo es sich um zahlungsfähige Bauherren handelt, von praktischer Bedeutung ist.

3. Gegen die nach Anhörung der Beteiligten erfolgte Festsetzung des Bauschöffenamts gibt es kein Rechtsmittel, sondern auch hier nur die Möglichkeit, daß das Statut „für gewisse Fälle" die Zuziehung einer größeren Zahl von Mitgliedern vorsieht (§ 57). Die Festsetzung des Bauschöffenamts ist auch gegenüber einer an sich „wirksamen" Anmeldung zulässig, also sowohl wenn der Schuldner eine übermäßige Anmeldung als begründet zugesteht, als wenn der Gläubiger mangels dieses Zugeständnisses eine einstweilige Verfügung des Amtsgerichts erwirkt hat. Sie beseitigt die „Wirksamkeit" der Anmeldung und schließt damit die Möglichkeit eines Eintrags gemäß § 27 Abs. 2 aus.

4. Nach Abs. 2 ist es auch zulässig, daß das Bauschöffenamt noch nach Eintrag der Bauhypothek den Betrag einer bereits eingetragenen Forderung herabsetzt, sofern nur die Voraussetzungen des Abs. 2 noch nicht vorliegen. Regelmäßig werden die Beteiligten, also namentlich die konkurrierenden Baugläubiger, aber auch Nachhypothekarier, erst durch den Eintrag im Grundbuch es erfahren, wenn eine übermäßige Vereinbarung vorliegt, und erst dann beim Bauschöffenamt das Verlangen nach deren Herabsetzung stellen. Ohne ein solches Verlangen hat aber das Bauschöffenamt mit den Anmeldungen lediglich nach § 30 zu verfahren, also sie an das Grundbuchamt abzugeben, was den Eintrag ohne eine Prüfung der etwaigen Übermäßigkeit von Vereinbarungen bewirkt. — Deshalb wäre die Befugnis zur Herabsetzung praktisch ohne Bedeutung, wenn nicht auch die nachträgliche Herabsetzung einer bereits eingetragenen Bauhypothek vorbehalten wäre. Konsequent müßte die bereits eingetragene Hypothek in Höhe der Herabsetzung nachträglich

gelöscht werden. Doch ist dies im Gesetz nicht vorgeschrieben. Man wird deshalb wohl annehmen müssen, daß auf Antrag des „Beteiligten“, der die Herabsetzung veranlaßt hatte, zunächst nur ein Widerspruch im Grundbuch einzutragen ist. Übrigens schützt auch ohne einen solchen Eintrag gegen die Gefahr des gutgläubigen Rechtserwerbs durch einen Dritten die Eigenschaft der Bauhypothek als Sicherungshypothek (s. § 27 Abs. 2).

Anmeldefrist für Bauforderungen.

§ 22. Sobald festgestellt ist, daß baupolizeiliche Bedenken, das Gebäude in Gebrauch zu nehmen, nicht bestehen, hat die Baupolizeibehörde dies binnen zwei Wochen in dem für ihre Bekanntmachungen bestimmten Blatte zu veröffentlichen. In gleicher Weise hat die Baupolizeibehörde, wenn auf Antrag eines Beteiligten festgestellt ist, daß die Bauerlaubnis nach dem Beginne des Baues erloschen ist, dies zu veröffentlichen[1]).

Ist ein Bauvermerk eingetragen, so hat die Baupolizeibehörde die gemäß Abs. 1 erfolgte Veröffentlichung dem Bauschöffenamt unverzüglich mitzuteilen[2]).

Innerhalb einer Frist von einem Monate, die mit der Einrückung der Bekanntmachung in das zu ihrer Veröffentlichung dienende Blatt beginnt, können die Baugläubiger auf Grund des Bauvermerkes ihre Bauforderungen bei dem Bauschöffenamt anmelden; in der Bekanntmachung soll hierauf hingewiesen werden[3])[4]).

E. § 14. Bgr. S. 38. KB. 17f., 40, 54f.

1. Veröffentlichung der Gebrauchsabnahme von Amtswegen längstens binnen 14 Tagen vorgeschrieben, Veröffentlichung des Erlöschens auch von Amtswegen, aber erst, wenn das Erlöschen auf Antrag eines Beteiligten festgestellt ist. Es macht also für das Anmeldeverfahren und den daran geknüpften Schutz der Baugläubiger keinen Unterschied, ob der Bau vollendet ist oder unvollendet liegen blieb.

2. Die Veröffentlichung hat stets zu erfolgen, auch wenn kein Bauvermerk eingetragen ist und demgemäß keine Anmeldungsfrist beim Bauschöffenamt zu laufen beginnt. Über die Wirkung der Veröffentlichung in diesen Fällen vgl. §§ 42, 45, 47.

3. Gegen Versäumung der Frist gibt es kein Rechtsmittel. Ihre Wirkung besteht nur in Verlust des Rechts auf dingliche Sicherung, nicht in Verlust der Bauforderung an sich.

4. Anmeldung vor Beginn der Frist unzulässig (Bgr. S. 38). Über den ev. Beginn der Anmeldefrist mit der Bekanntmachung des Versteigerungstermins s. § 38.

Erfordernisse der wirksamen Anmeldung.

§ 23. Die Anmeldung einer Bauforderung ist nur wirksam, wenn bis zum Ablaufe der Anmeldungsfrist die schriftliche Zustimmung des Eigentümers zur Anmeldung[1]) oder eine gegen den Eigentümer ergangene, die Anmeldung zulassende einstweilige Verfügung bei dem Bauschöffenamt eingereicht wird. Das Bauschöffenamt hat, sobald eine Anmeldung wirksam geworden ist, dem Anmeldenden eine Bescheinigung über die Anmeldung zu erteilen.

Für die Erlassung der einstweiligen Verfügung ist das Amtsgericht zuständig, in dessen Bezirke die Baustelle gelegen ist. Glaubhaft zu machen sind:

1. der von dem Anmeldenden geschlossene Vertrag;
2. die Verwendung seiner Leistungen in den Bau oder die der Verwendung nach § 20 Abs. 2 gleichstehenden Tatsachen und bei teilweiser Verwendung der nach § 20 zu berechnende Betrag der Bauforderung[2]);
3. wenn der Vertrag nicht mit dem Eigentümer geschlossen ist, die Voraussetzungen, unter denen nach den §§ 18, 19 der Vertrag einem mit dem Eigentümer geschlossenen Vertrage gleichsteht. Im Falle des

§ 19 ist vor der Erlassung der einstweiligen Verfügung der Eigentümer zu hören.[3]) Die Erlassung der einstweiligen Verfügung ist abzulehnen, falls der Eigentümer diejenigen Tatsachen glaubhaft macht, deren Nachweis ihm nach § 19 obliegt[4]).

E. § 15. Bgr. S. 38 ff. KB. S. 55.

1. Schriftliche Zustimmung — eine Beglaubigung ist nicht vorgeschrieben. Es bleibt dem Bauschöffenamt natürlich überlassen, in Zweifelsfällen eine solche zu fordern. Zustimmen muß der Eigentümer. Zustimmung des Bauherrn, der nicht der Eigentümer ist (vgl. § 18 Satz 2) genügt nicht.

2. Die einstweilige Verfügung des Amtsgerichts muß so zeitig erwirkt werden, daß sie noch vor Ablauf der Anmeldungsfrist dem Bauschöffenamt eingereicht werden kann. Letzterer Zeitpunkt ist für die Wirksamkeit der Anmeldung maßgebend, s. auch § 34 Abs. 4. — Glaubhaft kann auch ein mündlich geschlossener Vertrag gemacht werden — etwa durch Bescheinigung seitens der Angestellten oder Gehilfen des Baugläubigers. Natürlich ist Vorlage eines schriftlichen Vertrags vorzuziehen. — Fälligkeit der Forderung ist nicht erforderlich. Über den provisorischen Charakter der „wirksamen Anmeldung" vgl. Nr. 3 zu § 27.

3. Nr. 3 Satz 2 ist Zusatz der RK. und ergibt sich aus der dort beschlossenen erweiterten Haftung des Eigentümers für Nachmänner. Ohne eine solche Bestimmung wäre es denkbar, daß der dem Eigentümer unbekannte Nachmann eine Bauhypothek zum Eintrag brächte, ohne daß der Eigentümer von der Existenz dieses Nachmannes überhaupt etwas erführe.

4. Abgesehen von der letzten Vorschrift, finden die allgemeinen Bestimmungen der ZPO. über das Verfahren bei Erlaß von einstweiligen Verfügungen — nicht über die Voraussetzungen, also keine Gefährdung oder Dringlichkeit erforderlich! — unverändert Anwendung. Es steht also im Ermessen des Amtsgerichts, ob es den Antrag dem Schuldner mitteilen und münd-

liche Verhandlung anordnen will. In diesem Fall entscheidet es durch Urteil, gegen welches Berufung an das Landgericht zulässig ist. Erläßt dagegen das Amtsgericht die einstweilige Verfügung durch Beschluß, so kann der Schuldner Widerspruch erheben und mündliche Verhandlung beantragen, worauf Urteil zu ergehen hat. Das Urteil hat nur auszusprechen, daß die betr. Anmeldung zuzulassen ist. Trotz desselben bleibt die Herabsetzungsbefugnis des Bauschöffenamts (§ 21) bestehen — jedenfalls ganz unbedenklich auf Antrag eines dritten Beteiligten, der an dem Verfahren beim Amtsgericht nicht beteiligt war. Praktisch wird sich wohl die Sache meist so abspielen, daß der Baugläubiger zunächst die Zustimmung des Eigentümers zur Anmeldung erbittet und daß, falls hierbei Differenzen auftreten, ein Antrag auf Vermittelung nach § 26 beim Bauschöffenamt gestellt wird.

Zurücknahme der Anmeldung.

§ 24. Die Zurücknahme einer Anmeldung bedarf der für Eintragungsbewilligungen in der Grundbuchordnung vorgeschriebenen Form[1]).

Der Zurücknahme einer Anmeldung steht es gleich, wenn dem Bauschöffenamte nachgewiesen wird, daß für die angemeldete Forderung Sicherheit durch Hinterlegung von Geld oder Wertpapieren geleistet ist[2]).

Das Bauschöffenamt hat auf Antrag dem Anmeldenden eine Frist zu bestimmen, binnen welcher dieser dem Bauschöffenamte die Einwilligung in die Rückgabe der Sicherheit zu erklären oder die Erhebung der Klage wegen seiner Forderung nachzuweisen hat. Nach dem Ablaufe der Frist hat das Bauschöffenamt auf Antrag die Rückgabe der Sicherheit anzuordnen, wenn nicht inzwischen die Erhebung der Klage nachgewiesen ist. Auf das Verfahren finden die Vorschriften des Gesetzes über die Angelegenheiten der freiwilligen Gerichtsbarkeit entsprechende Anwendung. Die Abänderung der Entscheidungen des Bauschöffenamts kann bei dem Amtsgericht, in dessen Bezirke das Bauschöffenamt seinen Sitz hat, unter entsprechender Anwendung der §§ 20 bis 25 des bezeichneten Gesetzes nachgesucht werden; die Beschwerde findet gegen die Entscheidungen des Amtsgerichts statt. Eine Anfechtung der Entscheidung, durch welche der Antrag auf Bestimmung einer Frist abgelehnt wird, steht nur dem Antragsteller zu; in diesem Falle sowie im Falle der Anfechtung der Entscheidung über die Rückgabe der Sicherheit muß die Anfechtung in der für sofortige Beschwerden bestimmten Frist erfolgen. Die Entscheidung über die Rückgabe tritt erst mit der Rechtskraft in Wirksamkeit[3].

E. § 16. Bgr. S. 40.

1. Also hier gerichtliche oder notarielle Beglaubigung im Gegensatz zu der einfachen Schriftlichkeit, die für die Anmeldung genügt. Die Vorschrift bezieht sich auf eine vor erfolgtem Eintrag im Grundbuch bei der Anmeldungsstelle, dem Bauschöffenamt, erfolgende Zurücknahme. Ist die Eintragung bereits erfolgt, so gelten die allgemeinen Vorschriften über Löschung von Hypotheken.

2. Sicherheitsleistung nach diesem Paragraphen ist das Mittel, um die Entstehung der Bauhypothek auf Grund einer an sich wirksamen Anmeldung, gegen welche der Eigentümer Einwendungen erheben will, zu verhüten. — Sie wird nur für die einzelne angemeldete Forderung, und zwar nach deren vollen Höhe, geleistet und hat selbstverständlich mit den nach § 12 oder 13 geleisteten Sicherheiten gar nichts gemein. Über ihre Rückgabe trifft Abs. 3 Bestimmung.

3. Beim Amtsgericht kann sonach sowohl die Entscheidung des Bauschöffenamts über Fristsetzung, als die über Rückgabe der Sicherheit angefochten werden, und zwar mit zwei Wochen Frist. Letztere Entscheidung tritt aber erst nach Rechtskraft in

Wirksamkeit. Das Bauschöffenamt, welches die Rückgabe der Sicherheit anordnet, hat also, bevor es auf Grund dieser Anordnung die Hinterlegungsstelle um Rückgabe derselben ersucht, den Ablauf der Frist für sofortige Beschwerde und falls eine solche eingelegt ist, die rechtskräftige Entscheidung des Gerichts abzuwarten.

§ 25. Anmeldungen sowie die die Wirksamkeit oder die Zurücknahme einer Anmeldung betreffenden Urkunden, welche bei der zuständigen Baupolizeibehörde oder dem zuständigen Grundbuchamt eingereicht werden, sind von diesen Behörden dem Bauschöffenamt unverzüglich vorzulegen[1]).

KB. S. 40, 54f. zu § 14.

1. Zusatz der RK. Ein Antrag, daß Einreichung einer Anmeldung bei der Baupolizeibehörde oder beim Grundbuchamt zur Wahrung der Anmeldefrist genügen solle, ist ausdrücklich von der RK. abgelehnt. Entscheidend für Wahrung der Frist bleibt also der Eingang beim Bauschöffenamt, an welches „unverzügliche" Abgabe vorgeschrieben ist.

Einigungsversuch des Bauschöffenamts.

§ 26. Auf Antrag eines Beteiligten hat das Bauschöffenamt, falls Anmeldungen erfolgt oder beabsichtigt sind, eine gütliche Einigung zu vermitteln. Es kann zu diesem Zwecke einen Termin zur mündlichen Verhandlung bestimmen, zu diesem Termine die Beteiligten vorladen und deren persönliches Erscheinen nötigenfalls durch Ordnungsstrafen bis zum Gesamtbetrage von zweihundert Mark erzwingen[1]). Erfolgt nachträglich genügende Entschuldigung, so kann die Verurteilung ganz oder teilweise zurückgenommen werden. Gegen die Entscheidungen des Bauschöffenamts über Ordnungsstrafen findet Beschwerde an das Amtsgericht statt, in dessen Bezirke das Bauschöffenamt seinen Sitz hat; das

Verfahren richtet sich nach den Vorschriften der Strafprozeßordnung[2])[3]).

KB. S. 41 zu § 16a.

1. In der RK. herrschte Einverständnis darüber, daß trotz der Erzwingbarkeit des persönlichen Erscheinens daneben Vertretung und zwar auch durch berufsmäßige Vertreter, also Rechtsanwälte, zulässig bleibt.

2. Keine Vorschriften über das Verfahren oder über die Sitzungspolizei. Letztere nicht nötig, weil den Bauschöffenämtern die Rechte von Kommunalbehörden zustehen.

3. Gelingt dem Bauschöffenamt eine Einigung nicht, so steht ihm ein Recht auf sachliche Entscheidung nur im Falle des § 21 (Herabsetzung übermäßiger Anmeldungen) zu. Abgesehen davon hat es lediglich gemäß § 30 die Anmeldungen an das Grundbuchamt abzugeben, dieses trägt auf Grund der „wirksamen" Anmeldungen die Bauhypothek ein und den Beteiligten bleibt es nun überlassen, die Berichtigung des Grundbuchs und den Eintrag eines Widerspruchs gegen dessen Richtigkeit gemäß den §§ 894, 899 BGB. im Wege der Klage bzw. einstweiligen Verfügung nach den allgemeinen Vorschriften der ZPO. zu betreiben.

Vierter Titel.
Bauhypothek. Baugeldhypothek.

Bauhypothek.

§ 27. Liegen bei dem Ablaufe der Anmeldungsfrist wirksame[1]) Anmeldungen nicht vor, so wird der Bauvermerk auf Ersuchen des Bauschöffenamts gelöscht[2]). Mit dieser Löschung erlischt der Anspruch der Baugläubiger auf Eintragung der Bauhypothek.

Sind bis zum Ablaufe der Frist Bauforderungen wirksam angemeldet, so wird für sie von Amts wegen unter Löschung des Bauvermerkes eine als Bauhypothek zu bezeichnende Hypothek eingetragen. Mit der Ein-

tragung entsteht die Hypothek. Die Bauhypothek gilt als Sicherungshypothek, auch wenn sie im Grundbuche nicht als solche bezeichnet ist[3]).

Bei der Eintragung der Bauhypothek sind außer ihrem Gesamtbetrage die den einzelnen Baugläubigern zustehenden Teilbeträge anzugeben[4]).

Bei der Berechnung der Höhe der Bauforderungen werden Zinsen nicht berücksichtigt. Auch dürfen die Bauforderungen nicht als verzinsliche eingetragen werden; die nach § 1118 des Bürgerlichen Gesetzbuchs bestehende Haftung des Grundstücks für die gesetzlichen Zinsen der Bauforderungen wird hierdurch nicht berührt[5]).

Ist gemäß § 13 Sicherheit geleistet, so vermindert sich der Betrag der Bauhypothek um den Betrag der Sicherheit unter verhältnismäßiger Herabsetzung der den einzelnen Baugläubigern zustehenden Teilbeträge[6]).

E. § 17. Bgr. S. 40. KB. S. 18f., 41, 55.

1. Wirksamkeit der Anmeldung bei dem Ablauf der Anmeldungsfrist erforderlich. Also keine wirksame Anmeldung, wenn sie zurückgenommen ist, wenn Sicherheit nach § 24 Abs. 2 geleistet ist, auch nicht, soweit das Bauschöffenamt sie nach § 21 herabgesetzt hat.

2. Der Bauvermerk wird bei dem Ablauf der Anmeldungsfrist auf alle Fälle gelöscht und zwar auf Ersuchen des Bauschöffenamts, falls wirksame Anmeldungen nicht vorliegen. Keine Eigentümergrundschuld an Stelle des gelöschten Bauvermerks. Die nachstehenden Belastungen rücken vor. — Liegen dagegen solche vor, so erfolgt die Löschung und die gleichzeitige Eintragung der Bauhypothek „von Amtswegen". Die Entscheidung trifft das Grundbuchamt, an welches das Bauschöffenamt alle Anmeldungen nebst den dazugehörigen Urkunden abzugeben hat. Das Verfahren regelt im einzelnen § 30, den Rang § 32.

3. Da die Bauhypothek eine Sicherungshypothek ist, also Feststellung der ihr zugrunde liegenden Forderung nicht voraussetzt, muß der Gläubiger, der sie durch Klage geltend macht, seine Forderung beweisen. Andrerseits kann der Eigentümer wegen Nichtbestehens derselben auf Löschung klagen. — In einer Zwangsversteigerung wirkt sie wie ein jedes andere, in das Grundbuch eingetragene Recht; sie wird in den Verteilungsplan aufgenommen und der Widersprechende muß ev. Klage erheben. — (Anders beim Verteilungsverfahren nach § 42 f., s. N. 2 zu § 43.)

4. Die einzelnen Teilbeträge sind selbständige Sicherungshypotheken. Daß sie Teile der gesamten „Bauhypothek" sind, hat nur Bedeutung für ihren Rang. Sie können also selbständig — ohne Mitwirkung der übrigen Teilgläubiger — abgetreten, umgewandelt oder gelöscht werden und verwandeln sich durch Tilgung in selbständige Eigentümergrundschulden (vgl. § 29 Abs. 2). Abtretung der durch eine Bauhypothek gesicherten Forderung ohne die Hypothek ist nicht möglich und kann mit der Hypothek nur durch Eintrag im Grundbuch erfolgen (BGB. §§ 1153, 1154).

5. Der ausdrückliche Hinweis auf die nach § 1118 BGB. bestehende Haftung für gesetzliche (z. B. Verzugs-) Zinsen beruht auf Beschluß der RK.

6. Falls eine Differenzkaution geleistet ist, haftet diese den Baugläubigern in erster Linie; eine Bauhypothek soll nur wegen des durch diese nicht gedeckten Restes der wirksam angemeldeten Bauforderungen eingetragen werden. Zuerst sind Lohnrückstände aus der Differenzkaution zu decken (§ 29 Abs. 1). Der Rest kommt den anderen Baugläubigern verhältnismäßig zugute (vgl. §§ 41, 48).

Doppelte Anmeldung durch den Unternehmer und einen Nachmann.

§ 28. Soweit im Falle des § 19 die von einem Unternehmer angemeldete Bauforderung die Vergütung für Leistungen mitumfaßt, für welche auch von einem

Nachmanne des Unternehmers eine Bauforderung angemeldet ist, gebührt nur dem Nachmann ein Anteil an der Bauhypothek. Ist ungewiß, ob hiernach dem Vormann ein Anteil an der Bauhypothek gebührt, so hat das Grundbuchamt für den Vormann und für den Nachmann einen Anteil an der Bauhypothek und gleichzeitig einen Widerspruch einzutragen[1]).

Wird ein Nachmann durch einen Vormann befriedigt, so geht in Höhe des gezahlten Betrags der Anteil des Nachmanns an der Bauhypothek auf die Bauforderung des Vormanns über[2]).

E. § 18. Bgr. S. 40f.

1. Falls Vormann und Nachmann dieselbe Forderung angemeldet haben, gebührt die Bauhypothek insoweit dem Nachmann. Der Eintrag erfolgt aber nur dann bloß auf diesen, falls sich dieser Sachverhalt mit Sicherheit ergibt. Andernfalls ist nach Abs. 1 Satz 2 zu verfahren. Gerade für diesen Fall wird die Befugnis des Bauschöffenamts zur Herbeiführung einer Einigung von besonderer Bedeutung sein. Bleibt aber Streit, so ist er durch Klage vor dem Prozeßgericht auszutragen. Weder das Bauschöffenamt (abgesehen vom Fall des § 21) noch das Grundbuchamt sind zu einer Entscheidung befugt.

2. Übergang kraft Gesetzes. Pflicht des befriedigten Nachmannes, dem Vormanne die zur Herbeiführung der Berichtigung des Grundbuchs erforderlichen Urkunden auszuhändigen.

Rang der Teile der Bauhypothek.

§ 29. Mehrere bei der Eintragung der Bauhypothek berücksichtigte Bauforderungen haben unter sich gleichen Rang; soweit jedoch die Bauhypothek für Lohnrückstände von Bauarbeitern besteht, gebührt diesen bis zur Höhe des auf zwei Wochen entfallenden Lohnes der Vorrang vor den übrigen Bauforderungen. Der Vorrang der

Lohnrückstände ist bei der Eintragung der Bauhypothek im Grundbuche zu vermerken; ist ungewiß, ob und in welcher Höhe der Vorrang für eine Bauforderung besteht, so ist ein Widerspruch einzutragen[1].

Verwandelt sich ein Teil der Bauhypothek in eine dem Eigentümer des Grundstücks zufallende Grundschuld, so kann diese nicht zum Nachteile der den Baugläubigern verbleibenden Bauhypothek geltend gemacht werden.

Die Vorschrift des Abs. 2 findet entsprechende Anwendung, wenn ein Teil der Bauhypothek in eine gewöhnliche Hypothek, eine Grundschuld oder Rentenschuld umgewandelt oder wenn an die Stelle einer Bauforderung, für welche die Bauhypothek besteht, eine andere Forderung gesetzt wird[2].

E. § 19. Bgr. S. 41. KB. S. 19, 41 f., 55 f.

1. Von dem im E. ohne Einschränkung aufgestellten Grundsatz des gleichen Ranges der mehreren berücksichtigten Bauforderungen hat die RK. eine Ausnahme zugunsten des auf zwei Wochen entfallenden rückständigen Lohnes von Bauarbeitern gemacht. Dieser Vorrang wird für zwei Wochen schlechthin, nicht bloß gerade für die letzten zwei Wochen eingeräumt. — Bei Akkordlohn s. § 31.

2. Auf die Bauhypothek finden die allgemeinen Vorschriften über Sicherungshypotheken, mithin auch die über die Eigentümerhypothek und die Umwandlung in eine andere Form der Grundstücksbelastung Anwendung. Das Gesetz trifft durch Abs. 2 und 3 dafür Fürsorge, daß nicht die Aussicht der Baugläubiger auf Befriedigung aus der Bauhypothek durch Umwandlung in eine andere Hypothek oder Grundschuld gemindert wird. — Die Teile der Bauhypothek, welche nicht mehr die Befriedigung einer Bauforderung sichern, stehen somit den übrigen Teilen und zwar auch den Anteilen der anderen Baugläubiger, im Range nach.

Geht dagegen die Bauhypothek auf einen Grundeigentümer über, dem die Bauforderung zusteht — also z. B., wenn der nicht persönlich haftende Eigentümer einen Nachmann befriedigt und damit dessen Forderung gegen den Vormann erwirbt oder wenn ein solcher Eigentümer die Bauforderung des Nachmannes gegen den Vormann oder wenn ein Nachmann das Grundstück im Wege Erbgangs erwirbt —, so verwandelt sie sich nach § 1177 Abs. 2 BGB. nicht in eine Grundschuld, sondern bleibt Bauhypothek, und demgemäß findet Abs. 2 keine Anwendung.

Verfahren beim Eintrag der Bauhypothek.

§ 30. Behufs Eintragung der Bauhypothek hat das Bauschöffenamt nach dem Ablaufe der Anmeldungsfrist dem Grundbuchamte die Anmeldungen und die die Wirksamkeit oder die Zurücknahme einer Anmeldung betreffenden Urkunden zu übersenden. Soweit nach Mitteilung des Bauschöffenamts eine Einigung der Beteiligten über den Gesamtbetrag der Bauhypothek, die Anteile der einzelnen Baugläubiger und den Vorrang der Bauforderungen von Bauarbeitern erfolgt ist, hat das Grundbuchamt die Eintragung der Bauhypothek nach Maßgabe dieser Mitteilung vorzunehmen[1]).

Schweben Verhandlungen über eine gütliche Einigung, so kann das Bauschöffenamt die Übersendung der im Abs. 1 bezeichneten Urkunden bis zum Abschlusse der Verhandlungen, jedoch spätestens bis zum Ablauf eines Monats nach dem Ablaufe der Anmeldungsfrist aussetzen[2]).

KB. S. 41 zu § 18a.

1. Dieser Paragraph ist von der RK. neu eingefügt als Folge der Zuständigkeit des Bauschöffenamts für Entgegennahme der Anmeldungen und für Einigungsversuche. — Trotzdem das Bauschöffenamt nach § 23 die Wirksamkeit einer

Anmeldung seinerseits zu prüfen und dem Anmeldenden zu bescheinigen hat, ist doch für den Eintrag selbst nicht diese Prüfung maßgebend. Das Bauschöffenamt hat nicht um den Eintrag zu ersuchen, sondern dem Grundbuchamt die Papiere zu dessen Prüfung zu übersenden. Nur bezügl. einer vor dem Bauschöffenamt getroffenen Einigung hat das Grundbuchamt nach Maßgabe der Mitteilung des Bauschöffenamts einzutragen. Das gleiche gilt bei Herabsetzung einer übermäßigen Forderung nach § 21 und bei Akkordlöhnen nach § 31.

2. Abs. 2 trifft Vorsorge, daß die Verhandlungen vor dem Bauschöffenamt nicht verschleppt werden können. Spätestens muß die Abgabe der Akten und der Eintrag nach Maßgabe ihres derzeitigen Standes einen Monat nach Ablauf der Anmeldungsfrist erfolgen. Wird weiter verhandelt und später eine Einigung vor dem Bauschöffenamt erzielt, so wird die Mitteilung hiervon bezügl. der bereits getroffenen Eintragung für das Grundbuchamt ebensogut maßgebend sein, wie die im § 21 vorbehaltene nachträgliche Herabsetzung einer bereits eingetragenen übermäßigen Vergütung (vgl. N. 4 zu § 21).

Akkordarbeiten.

§ 31. Haben Bauarbeiter im Akkord gearbeitet[1]), so hat das Bauschöffenamt festzustellen[2]), welcher Lohnrückstand ihrem zweiwöchigen Akkordlohn entspricht.

KB. S. 55 f.

1. Neue Bestimmung, veranlaßt durch das in § 29 eingeführte Vorrecht der Bauarbeiter.

2. Nach Absicht des Antragstellers mit bindender Wirkung für das Grundbuchamt.

Rang der Bauhypothek.

§ 32. Der Rang der Bauhypothek gegenüber anderen Rechten bestimmt sich, unbeschadet der Vorschriften über Baugeldhypotheken, nach der Eintragung des Bauvermerkes[1]). Nießbrauchs- und Wohnungsrechte stehen jedoch der Bauhypothek im Range nach.

Der Rang der Bauhypothek soll bei ihrer Eintragung ersichtlich gemacht werden²).

E. § 20. Bgr. S. 41 f.

1. Der Bauvermerk hat nach § 11 die Bedeutung einer Vormerkung, welche nach § 883 Abs. 3 BGB. für den Rang der Bauhypothek maßgebend ist. Ausgenommen sind, abgesehen von der — nacheingetragenen — Baugeldhypothek (§§ 33 bis 36) voreingetragene Nießbrauchs- und Wohnungsrechte, die der Bauhypothek nachstehen sollen. Solche Rechte, die ihren eigentlichen Inhalt erst durch die Errichtung des Gebäudes erhalten, werden deshalb auch bei Feststellung der vorgehenden Belastungen nicht mitberechnet (s. § 14 N. 1).

2. Wo Voreinträge in höherem Betrag als drei Vierteln des Baustellenwertes vorhanden sind, behalten diese ihren Rang nach Maßgabe ihres Eintrags, da ja die Sicherung der Baugläubiger insoweit lediglich durch Hinterlegung der Differenzkaution erfolgt. Es bedarf also hierüber eines Vermerks im Grundbuch nicht. — Abs. 2 bezieht sich zunächst darauf, daß beim Eintrag der Bauhypothek ausdrücklich auf den Rang des Bauvermerks Bezug zu nehmen ist. Daneben muß vorkommendenfalls der Vorrang der Bauhypothek vor Nießbrauchs- und Wohnungsrechten ersichtlich gemacht werden.

Baugeldhypothek.

§ 33. **Wird eine dem Bauvermerk im Range nachstehende Hypothek zugunsten eines Gläubigers eingetragen, welcher die Gewährung von Baugeld übernommen hat, so gelten für diese Hypothek, falls sie bei der Eintragung als Baugeldhypothek bezeichnet ist, die Vorschriften der §§ 34 bis 36¹).**

Eine Baugeldhypothek soll nur eingetragen werden, wenn der Baugeldvertrag bei dem Grundbuchamt eingereicht ist. Das Grundbuchamt soll eine Abschrift des Baugeldvertrags dem Bauschöffenamte mitteilen²)³).

E. § 21. Bgr. S. 42 f. KB. S. 42.

1. Begriff des Baugeldes s. § 1 Abs. 3. Baugeld kann hiernach auch gegen eine Hypothek gegeben werden, die nicht als Baugeldhypothek bezeichnet ist und unterliegt dann der Verwendungspflicht des § 1. Dagegen behält eine solche Hypothek stets ihren grundbuchmäßigen Rang hinter dem Bauvermerk. Will der Geldgeber, daß ihm die Rechte der §§ 34 ff., also das Vorrücken für die ausbezahlten Beträge vor den Bauvermerk und die ihm gleichstehenden Rechte, zuteil werden, so muß die Hypothek, und zwar bei der Eintragung, nicht erst später, als Baugeldhypothek bezeichnet werden.

2. An sich gilt für den Baugeldvertrag keine Formvorschrift. Soll er aber dem Eintrag einer Baugeldhypothek zugrunde gelegt werden, so muß er nach diesem Absatz schriftlich fixiert werden.

3. Steht eine für Baugeld eingetragene Hypothek im Grundbuch vor dem Bauvermerk, so fehlt eine Veranlassung, sie als Baugeldhypothek zu bezeichnen, weil ihr ja der Vorrang, auf den hierdurch ein Anspruch begründet wird, ohnehin zusteht. Sie kommt aber in diesem Fall in voller Höhe bei Berechnung der Differenzkaution (§§ 14 f.) in Betracht.

Vorrang der Baugeldhypothek.

§ 34. Der Baugeldhypothek gebührt der Vorrang vor der Bauhypothek und den dem Bauvermerke gleichstehenden Belastungen (§ 13 Abs. 1), soweit durch eine in Anrechnung auf das Baugeld geleistete Zahlung eine Bauforderung[1]) getilgt worden ist; das Gleiche gilt in Ansehung einer Zahlung, die in Anrechnung auf das Baugeld an den Eigentümer in Höhe einer von diesem getilgten Bauforderung bewirkt worden ist[2]). Hat die Bauforderung nicht bestanden, so gebührt der Baugeldhypothek gleichwohl der Vorrang, es sei denn, daß dem Baugeldgeber zur Zeit seiner Zahlung bekannt oder infolge grober Fahrlässigkeit unbekannt war, daß die Forderung nicht bestanden hat[3]); dem Nichtbestehen einer Bauforderung steht es gleich, wenn ein Nachmann für dieselbe Leistung eine Bauforderung hat und der Vormann nicht über ausreichende Mittel zur Befriedigung der Forderungen seiner Nachmänner verfügt oder nicht die Absicht hat, diese Forderungen in vollem Umfange zu befriedigen[4])[5])[6]).

Der Vorrang der Baugeldhypothek erstreckt sich auf Zinsen bis fünf vom Hundert und auf die im § 1118 des Bürgerlichen Gesetzbuchs bezeichneten Kosten[7]).

In Ansehung des fünften Teiles des Baugeldes finden die Vorschriften des Abs. 1 keine Anwendung, wenn binnen einer Frist von zwei Wochen seit dem Beginne der Anmeldungsfrist ein Baugläubiger Widerspruch gegen die Auszahlung erhoben hat. Wird Widerspruch erhoben, so ist der Baugeldgeber berechtigt, den fünften Teil des Baugeldes mit der Wirkung zu hinterlegen, daß die Baugeldhypothek in Höhe des hinterlegten Betrags den im Abs. 1 bestimmten Vorrang erhält. Auf den hinterlegten Betrag finden die Vorschriften des fünften Titels über eine nach § 13 geleistete Sicherheit entsprechende Anwendung.

Der Widerspruch gegen die Auszahlung ist dem Baugeldgeber durch einen Gerichtsvollzieher zuzustellen. Der Widerspruch verliert seine Wirkung, wenn nicht dem Baugeldgeber vor dem Ablaufe der Anmeldungsfrist die im § 23 Abs. 1 Satz 2 bezeichnete Bescheinigung des Bauschöffenamts vorgelegt wird. Wird der Widerspruch zurückgenommen, so gilt er als nicht erfolgt[8]).

E. § 22. Bgr. S. 42 f. KB. S. 20, 56 ff.

1. **Bauforderung:** §§ 18 f. Wer den Vorrang für die Baugeldhypothek erlangen will, muß an Baugläubiger zahlen, also regelmäßig auf Anweisung des Eigentümers an solche direkt oder an den Eigentümer gegen Vorlage von Quittungen von Baugläubigern in gleicher Höhe.

2. Hat der Baugeldgeber an den Eigentümer bezahlt, so muß er beweisen, daß der Eigentümer eine Zahlung von Bauforderungen in angegebener Höhe wirklich geleistet hat. Dagegen sind die eigenen Leistungen des Baugeldempfängers für den Bau den Bauforderungen nicht gleichgestellt. Während es ihm gestattet ist, das Baugeld in Höhe der Hälfte des Wertes der eigenen Leistungen für sich zu behalten (s. § 1 Abs. 2), entsteht insoweit für den Baugeldgeber kein Vorrang der Baugeldhypothek! Wo also Abschn. II des Gesetzes gilt, wird der Baugeldgeber im Baugeldvertrag vorbehalten müssen, daß er Zahlungen auf das Baugeld für eigene Leistungen des Empfängers überhaupt nicht zu leisten hat.

3. Im übrigen genügt aber der gute Glaube des Baugeldgebers an das Bestehen der betr. Bauforderung zur Begründung des Vorrangs, und zwar hat der zahlende Baugeldgeber weder das Bestehen der angeblich getilgten Bauforderung, noch auch nur seinen guten Glauben zu beweisen, sondern es muß ihm von dem, der den behaupteten Vorrang bestreitet, nachgewiesen werden, daß ihm das Nichtbestehen der Forderung bekannt oder infolge grober Fahrlässigkeit unbekannt war.

4. Der dem Baugeldgeber „gebührende" Vorrang wird vom Grundbuchamt auf dessen Antrag nur im Falle des § 36 (Bescheinigung des Treuhänders) eingetragen. Abgesehen von diesem Fall muß der Baugläubiger die Berichtigung des Grundbuchs nach den allgemeinen Vorschriften herbeiführen, also unter Vorlage der Zustimmungserklärung der Voreingetragenen oder eines diese Zustimmung ersetzenden Urteils. Solange noch der Bauvermerk im Grundbuch steht, ist die Berichtigung des Grundbuchs überhaupt unmöglich, da er ja keine bestimmten Personen, die einwilligen oder zur Einwilligung

verurteilt werden könnten, angibt. — In einer Zwangsversteigerung muß der Baugeldgeber seinen Vorrang, falls derselbe in das Grundbuch noch nicht eingetragen ist, durch Widerspruch gegen den Teilungsplan und Klage im ordentlichen Rechtsweg geltend machen.

Da der Vorrang der Baugeldhypothek vor dem Bauvermerk und den ihm gleichstehenden Belastungen entsteht, überspringt sie demgemäß auch etwaige Zwischenbelastungen. Mit dieser Gefahr muß jeder rechnen, der einen Eintrag hinter einem Bauvermerk und damit an einer ohnehin unsicheren Stelle erwirbt.

5. Der Baugeldgeber kann an sich nach seinem Belieben an irgendeinen Baugläubiger zahlen. Zu gleichmäßiger Berücksichtigung oder Innehaltung einer Reihenfolge ist er nicht verpflichtet. Weitergehende Anträge sind in der RK. abgelehnt (KB. S. 58). Da auch die Nachmänner Baugläubiger sind (§ 19), so genügt auch Zahlung an einen Nachmann. Anderseits genügt Zahlung an den Vormann beim Vorhandensein eines Nachmannes dann nicht, wenn dem Baugeldgeber bekannt oder infolge grober Fahrlässigkeit unbekannt war, daß der Vormann entweder nicht ausreichende Befriedigungsmittel oder nicht die Absicht der vollen Befriedigung des Nachmannes hatte. Die Beweislast trifft auch hier den, der den Vorrang des Baugeldgebers bestreitet.

6. Das Recht des Baugeldgebers auf Auszahlung des Baugeldes an Baugläubiger kann weder durch Abtretung, noch durch Pfändung des Rechts des Eigentümers auf Auszahlung von Baugeld beeinträchtigt werden (RG. Bd. 38 S. 308f., Bd. 32 S. 364, Bgr. S. 43).

7. Der Vorrang erstreckt sich auf Zinsen und Kosten — auf erstere aber nur bis 5 %, womit dem Bedürfnis auch des soliden Baugeldgeschäfts in Zeiten teuren Geldstandes nicht genügt ist.

8. Abs. 3 und 4 sind Zusätze der RK., die sich an eine Bestimmung in dem Entwurf B von 1901 anlehnen. Hiernach

kann das letzte Fünftel des Baugeldes mit Wirkung des Vorrangs frühestens zwei Wochen nach Bekanntmachung der baupolizeilichen Gebrauchsabnahme (§ 22) ausbezahlt werden und nur, falls nicht bis dahin dem Baugeldgeber ein Widerspruch eines Baugläubigers durch den Gerichtsvollzieher zugestellt ist. Anderenfalls kann (nicht muß!) er den fünften Teil und zwar voll, nicht nur den etwa von dem Widerspruch betroffenen geringeren Teil dieses Fünftels, hinterlegen und erhält damit sein Vorrecht, während der hinterlegte Betrag als Differenzkaution behandelt wird bzw. eine schon vorhandene Differenzkaution erhöht. Damit ist eine Auszahlung des hinterlegten Fünftels an einzelne Baugläubiger ausgeschlossen und dessen Verwendung zu anteiliger Befriedigung der noch bei der Gebrauchsabnahme vorhandenen Baugläubiger im Rahmen des im § 48 geordneten Verteilungsverfahrens gewährleistet. Vorherige Anmeldung der betr. Bauforderung beim Bauschöffenamt ist nicht erforderlich, wohl aber nach Abs. 4 Satz 2 nachträgliche Vorlage der Bescheinigung des Bauschöffenamts über die erfolgte wirksame Anmeldung; deshalb wird der Baugeldgeber mit der Hinterlegung zweckmäßig jedenfalls bis zum Ablauf der Anmeldungsfrist (s. § 22) warten.

Streit besteht, ob durch eine vor erfolgtem Widerspruch geleistete Zahlung der Vorrang auch für das letzte Fünftel erlangt wird (so Hagelberg, Schneider), oder nicht (so Hillig-Hartung, Jacobi). M. E. ist die letztere Ansicht zutreffend. Durch das Gesetz ist die Erlangung des Vorrechtes für das letzte Fünftel suspensiv bedingt bis zum Ablauf der Widerspruchsfrist. Jedenfalls wird der Baugeldgeber vorsichtig handeln, wenn er vorher nur $^4/_5$ auszahlt und vielleicht auch die Pflicht hierzu im Baugeldvertrag zum Ausdruck bringt.

Treuhänder.

§ 35. Auf Antrag des Baugeldgebers[1]) bestellt das Amtsgericht, in dessen Bezirke die Baustelle gelegen ist, einen Treuhänder. Als Treuhänder soll tunlichst ein

Bausachverständiger bestellt werden. Über die Personen der zu bestellenden Treuhänder ist die Handwerkskammer des Bezirkes zu hören[2]).

Die durch Vermittelung oder auf Anweisung des Treuhänders geleisteten Zahlungen begründen den Vorrang vor der Bauhypothek. Der Treuhänder darf die Zahlung nur vermitteln oder anweisen, soweit der Baugeldgeber nach Maßgabe des § 34 zur Zahlung mit Wirkung gegen die Baugläubiger berechtigt ist[3]). Dem Treuhänder ist an Stelle des Baugeldgebers der Widerspruch gegen die Auszahlung des fünften Teiles des Baugeldes zuzustellen und die Bescheinigung des Bauschöffenamts vorzulegen[4]).

Der Treuhänder hat die rechtliche Stellung eines Pflegers; an die Stelle des Vormundschaftsgerichts tritt das im Abs. 1 bezeichnete Amtsgericht. Der Treuhänder ist für die Erfüllung der ihm obliegenden Pflichten allen Beteiligten verantwortlich; auf Ersuchen des Bauschöffenamts hat er diesem Auskunft zu erteilen[5]).

Eine Pflicht zur Übernahme des Amtes besteht nicht. Der Treuhänder kann von dem Baugeldgeber für die Führung seines Amtes eine angemessene Vergütung verlangen[6]). Vor der Festsetzung soll das Amtsgericht den Baugeldgeber, soweit tunlich, hören.

Durch Anordnung der Landesjustizverwaltung können die dem Amtsgericht in Ansehung der Treuhänder obliegenden Verrichtungen für mehrere Amtsgerichtsbezirke einem Amtsgericht übertragen werden.

E. § 23. Bgr. 43 f. KB. S. 21, 42.

1. Dem Baugeldgeber wird hiermit die Möglichkeit gegeben, ein jedes Bestreiten des Vorrangs für seine Zahlungen aus-

zuschließen und diesen Vorrang auf leichte Art im Grundbuch ersichtlich zu machen (s. § 36).

2. Gebunden ist das Amtsgericht an die Vorschläge der Parteien und der Handwerkskammer nicht. Durch landesherrliche Verordnung können die Verrichtungen des Treuhänders dem Bauschöffenamt übertragen werden (§ 63).

3. Eine Verpflichtung zu anteiliger Befriedigung der Baugläubiger besteht auch für den Treuhänder nicht. Dahingehende Anträge sind in der RK. gestellt, aber auf Widerspruch zurückgezogen.

4. Die Bestimmung, daß der Widerspruch gegen Auszahlung des letzten Fünftels dem Treuhänder zuzustellen ist, setzt offenbar öffentliche Bekanntmachung der Bestellung eines Treuhänders voraus. Auch in diesem Fall keine anteilige Befriedigung der Baugläubiger durch den Treuhänder, sondern Verteilungsverfahren nach § 48.

5. Letzter Satz des Abs. 3 zugesetzt von der RK. Weitergehender Antrag auf Beaufsichtigung des Treuhänders durch das Bauschöffenamt wurde abgelehnt. Dagegen stehen dem Amtsgericht gegenüber dem Treuhänder die gleichen Befugnisse zu, wie gegenüber einem anderen, von ihm bestellten Pfleger.

6. Die Zahlung einer Vergütung an den Treuhänder liegt dem Baugeldgeber ob. Da sie nicht zu den Bauforderungen gehört, sonach ein Vorrang für sie nicht entsteht, da anderseits der Baugeldgeber diese Kosten nicht aus eigenen Mitteln wird tragen wollen, so empfiehlt es sich, daß der Baugeldgeber sich bei Abschluß des Baugeldvertrags darüber entschließt, ob er Bestellung eines Treuhänders beantragen will und sich in diesem Fall einen angemessenen Betrag für die voraussichtlichen Kosten vom Bauherrn auszahlen oder sicherstellen läßt. Eine Feststellung derselben im voraus ist unmöglich, weil Baugeldgeber und Bauherr keinen bestimmten Einfluß auf die Auswahl des Treuhänders haben, also auch vor dessen Bestellung durch das Gericht ein Abkommen über die Kosten nicht möglich ist. Einführung bestimmter Taxen durch landesherrliche Verordnung ist nicht vorgesehen.

§ 36. Soweit von dem Treuhänder in öffentlich beglaubigter Form bescheinigt wird, daß Zahlungen durch seine Vermittelung oder auf seine Anweisung geleistet worden sind, oder daß eine Hinterlegung nach § 34 Abs. 3 erfolgt ist, hat[1]) das Grundbuchamt auf Antrag des Baugeldgebers den Vorrang der Baugeldhypothek vor der Bauhypothek in das Grundbuch einzutragen.

E. § 24. Bgr. S. 44.

1. Keine eigene Nachprüfung des Grundbuchamts, welches vielmehr an die Bescheinigung des Treuhänders gebunden ist; anders § 30 für den Eintrag der Bauhypothek (s. Note 1 zu § 30).

Rechte der Baugläubiger in der Zwangsversteigerung oder Zwangsverwaltung.

§ 37. Wird die Zwangsversteigerung oder die Zwangsverwaltung des Grundstücks angeordnet, ehe die Bauhypothek eingetragen ist, so kann jeder Baugläubiger, welcher seine Bauforderung wirksam angemeldet hat, Befriedigung aus dem Grundstücke verlangen, wie wenn die Bauhypothek eingetragen wäre[1]).

Einer Sicherheitsleistung nach § 67 des Gesetzes über die Zwangsversteigerung und Zwangsverwaltung bedarf es nicht, soweit durch das Gebot eine wirksam angemeldete Bauforderung ganz oder teilweise gedeckt wird[2]).

E. § 25. Bgr. S. 44. KB. S. 21, 58 f.

1. Analoge Anwendung des § 48 des Ges. über die Zwangsversteigerung, da der Bauvermerk nach § 11 die Bedeutung einer Vormerkung hat. Die Baugläubiger erhalten aber nicht bloß Sicherstellung, sondern Befriedigung. — Spätestens mit der Veröffentlichung des Versteigerungstermins beginnt die einmonatige Anmeldefrist beim Bauschöffenamt. Da der Versteigerungstermin nicht auf einen früheren Zeitpunkt als zwei Wochen nach Ablauf bestimmt werden darf (s. § 38), so

haben die Baugläubiger die Anmeldungsfrist auf alle Fälle zur Verfügung, um ihre Forderungen beim **Bauschöffenamt** wirksam (vgl. § 23) — also mit Zustimmung des Eigentümers oder mit einstweiliger Verfügung — anzumelden. Das weitere Verfahren regelt § 39.

2. Abs. 2 Zusatz der RK. Der Baugläubiger kann als Bieter mit seiner wirksam angemeldeten Bauforderung nur insoweit, als sie durch das Gebot gedeckt ist, Sicherheit leisten, die wirksam angemeldete und durch ein Gebot gedeckte Bauforderung gilt als Sicherheit. Der Baugläubiger muß also, um von anderweiter Sicherheitsleistung frei zu sein, nicht nur die Vorhypotheken ausbieten, sondern den als Sicherheit erforderlichen Betrag seiner Bauhypothek mitbieten.

Zeitpunkt des Versteigerungstermins.

§ 38. Der Versteigerungstermin darf nicht auf einen früheren Zeitpunkt als zwei Wochen nach dem Ablaufe der Anmeldungsfrist bestimmt werden. Hatte zur Zeit der Veröffentlichung des Versteigerungstermins die Anmeldungsfrist noch nicht begonnen, so beginnt sie mit dieser Veröffentlichung.[1])

Ist eine dieser Vorschriften verletzt, so ist der Zuschlag zu versagen. Gegen die Erteilung des Zuschlags ist Beschwerde zulässig.

E. § 26. Bgr. S. 44.

1. Aus der Mitteilung der Artikelabschrift durch das Grundbuchamt ersieht der Zwangsversteigerungsrichter, ob ein Bauvermerk eingetragen ist. Er muß dann feststellen, wann die Anmeldungsfrist begonnen hat und muß demgemäß den Versteigerungstermin bestimmen. Da die Frist auf einen Monat beschränkt ist, wird in allen Fällen, in denen sie bereits begonnen hat, die Vorschrift des § 38 Abs. 1 Satz 1 ohne praktische Bedeutung sein. Wo sie aber noch nicht begonnen hat, z. B. wenn ein unvollendeter Bau zur Zwangsversteigerung kommt,

setzt der Richter selbst durch seine Bekanntmachung die Frist in Lauf, muß also den Termin so bestimmen, daß er mindestens einen Monat und zwei Wochen nach der Bekanntmachung liegt.

Wirkung der Anmeldung beim Bauschöffenamt für das Vollstreckungsverfahren.

§ 39. Solange der Bauvermerk eingetragen ist, hat das Grundbuchamt von der Eintragung des Vollstreckungsvermerkes dem Bauschöffenamte Mitteilung zu machen. Das Bauschöffenamt hat dem Vollstreckungsgericht alsbald und, wenn bei dem Eingange der Mitteilung die Anmeldungsfrist noch nicht abgelaufen ist, nach dem Ablaufe dieser Frist eine beglaubigte Abschrift der wirksamen Anmeldungen zu erteilen. Baugläubiger, für die eine wirksame Anmeldung vorliegt, stehen für das Vollstreckungsverfahren Gläubigern, die zur Zeit der Eintragung des Vollstreckungsvermerkes im Grundbuch eingetragen waren, gleich[1].

E. § 27. Bgr. S. 44. KB. S. 43.

1. Nicht in das Grundbuch eingetragene Rechte bedürfen an sich der Anmeldung und — beim Widerspruch eines Beteiligten — der Glaubhaftmachung beim Vollstreckungsgericht (Ges. über Zwangsversteigerung § 37 Nr. 4, §§ 45, 114). Ist die Bauhypothek noch nicht eingetragen, so soll die wirksame Anmeldung beim Bauschöffenamt dieser Anmeldung und Glaubhaftmachung gleichstehen. Die betr. Rechte sind also in den Verteilungsplan aufzunehmen und im Falle eines Widerspruchs muß der Widersprechende klagen (vgl. § 48 N. 3).

Erfolgreicher Widerspruch eines Baugläubigers gegen einen anderen Baugläubiger.

§ 40. Soweit durch ein Urteil der Widerspruch eines Baugläubigers gegen die Aufnahme der Forderung eines anderen Baugläubigers in den Verteilungsplan rechts=

kräftig als begründet anerkannt ist, wirkt das Urteil für alle Baugläubiger. Der widersprechende Baugläubiger kann Erstattung derjenigen Prozeßkosten, die von dem Prozeßgegner nicht beizutreiben sind, aus dem bei der Verteilung auf die Baugläubiger entfallenden Betrag insoweit verlangen, als infolge des Widerspruchs der Anteil des Prozeßgegners an diesem Betrage weggefallen oder vermindert ist[1]). Ist der Prozeßgegner ein Nachmann, so kann die Erstattung nur denjenigen Baugläubigern gegenüber verlangt werden, denen der Wegfall oder die Verminderung des Anteils des Nachmanns zum Vorteile gereicht.

E. § 28. Bgr. S. 45.

1. Derjenige Baugläubiger, der eine Widerspruchsklage erfolgreich durchgeführt hat, kann nicht etwa verlangen, daß der Anteil, der zu Gunsten des unterlegenen Gegners in den Verteilungsplan eingesetzt war, ihm selbst allein zugute komme. Vielmehr werden durch die Beseitigung der Forderung eines Baugläubigers die Anteile aller anderen Baugläubiger anteilig erhöht. Insoweit müssen diese die vom Gegner nicht beizutreibenden Kosten dem Prozeßführer ersetzen.

Fünfter Titel.

Sicherheitsleistung.

Haftung einer geleisteten Sicherheit.

§ 41. Eine gemäß § 12 oder § 13 geleistete Sicherheit[1]) haftet den Baugläubigern in der gleichen Weise, wie ihnen im Falle der Eintragung einer Bauhypothek kraft dieser Hypothek das Grundstück haftet[2])[3]). Im Falle des § 13 bemißt sich der auf die einzelnen Bauforderungen entfallende Anteil an der Sicherheit nach dem bei der Eintragung der Bauhypothek berücksichtigten

Betrag auch dann, wenn die Bauforderung nach der Eintragung zum Teil getilgt worden ist[4]).

E. § 29. Bgr. S. 45/46.

1. § 12: $^1/_3$ der Baukosten zu Abwendung des Bauvermerks, § 13: Differenzkaution. — Hierzu tritt nunmehr auch die nach § 34 geleistete Sicherheit — letztes Fünftel des Baugeldes —, die der nach § 13 geleisteten gleichsteht, dagegen nicht die nach § 24 Abs. 2 für einen bestimmten anmeldenden Baugläubiger zwecks Zurücknahme der Anmeldung geleistete Sicherheit.

2. Ist nach § 12 — also zu Abwendung des Eintrags eines Bauvermerks — Sicherheit (Baukostenkaution) geleistet, so ist ein Bauvermerk im Grundbuch überhaupt nicht eingetragen und demgemäß finden auch keine Anmeldungen beim Bauschöffenamt statt. Ist nach § 13 bzw. 34 Differenzkaution geleistet, so erfolgt der Eintrag einer Bauhypothek nur, wenn und insoweit die angemeldeten Forderungen die geleistete Kaution übersteigen (§ 27 Abs. 5). In beiden Fällen bedeutet § 41 nur, daß die materiellen Vorschriften über die Teilnahme der Bauforderungen an der Bauhypothek, ihren Umfang und Rang, das Verhältnis der Vor- und Nachmänner (§§ 18—21, 27 Abs. 4, 28, 29) entsprechende Anwendung finden. Das Verfahren regeln im 1. Fall die §§ 42—45, im 2. Fall die §§ 48, 49.

3. Ist ein Bauvermerk eingetragen, so ist die Teilnahme des Baugläubigers an der Sicherheit ebenso wie an der Bauhypothek durch Anmeldung beim Bauschöffenamt bedingt. Nur wenn und insoweit dort wirksam angemeldet ist, nimmt der Baugläubiger an dem Verteilungsverfahren teil.

4. Eine solche teilweise Tilgung soll also zunächst voll auf den Anteil des betr. Baugläubigers an der Bauhypothek verrechnet werden, der sich dann insoweit in eine Eigentümer-Grundschuld verwandelt, während der dem Baugläubiger zukommende Anteil an der Differenzkaution unvermindert bleibt.

Verteilungsverfahren bei Sicherheitsleistung nach § 12. §§ 42—47.

§ 42. Ist nach § 12 Sicherheit geleistet, so kann jeder Beteiligte[1]) die Eröffnung eines Verteilungsverfahrens in Ansehung der Sicherheit beantragen, sobald die im § 22 Abs. 1 bestimmte Veröffentlichung der Baupolizeibehörde erfolgt ist[2]). Wird der Antrag von einem Baugläubiger gestellt, so hat der Gläubiger die schriftliche Zustimmung des Eigentümers beizubringen oder seine Bauforderung nach Maßgabe des § 23 Abs. 2 glaubhaft zu machen.

E. § 30. Bgr. S. 46/47.

1. Sowohl ein Baugläubiger wie der Eigentümer oder ein Dritter, der für ihn die Sicherheit gestellt hat. Kein vollstreckbarer Titel erforderlich, auch keine einstweilige Verfügung. Die Glaubhaftmachung muß event. mit dem Antrag des Baugläubigers auf Eröffnung eines Verteilungsverfahrens erfolgen. Das zuständige Amtsgericht ist in den Fällen der §§ 23 und 43 in gleicher Weise das der Baustelle.

2. Der Antrag ist zulässig bis zu der in § 45 vorgesehenen gerichtlichen Anordnung der Rückgabe der Sicherheit.

Zuständigkeit.

§ 43. Für das Verteilungsverfahren ist das Amtsgericht zuständig, in dessen Bezirke die Baustelle gelegen ist. Auf das Verfahren finden die für die Verteilung des Erlöses im Falle der Zwangsversteigerung eines Grundstücks geltenden Vorschriften entsprechende Anwendung.

Die Eröffnung des Verteilungsverfahrens und der Verteilungstermin müssen durch das für Bekanntmachungen des Gerichts bestimmte Blatt öffentlich bekanntgemacht werden[1]). Der Eröffnungsbeschluß sowie die

Terminsbestimmung sollen außerdem dem Antragsteller und dem Eigentümer von Amts wegen zugestellt werden.

Wird Widerspruch gegen eine Bauforderung erhoben, so bleibt die Forderung bei der Ausführung des Verteilungsplans unberücksichtigt, wenn nicht der Baugläubiger[2]) binnen einer Frist von einem Monate, welche mit dem Terminstage beginnt, dem Gerichte nachweist, daß er gegen die Beteiligten Klage erhoben hat[3]).

E. § 31. Bgr. S. 46/47.

1. Ladung auch der etwa bekannten Baugläubiger findet nicht statt.

2. Nicht der Widersprechende, sondern der Baugläubiger muß klagen, weil in diesem Verteilungsverfahren die einfache Anmeldung genügt, nicht etwa eine „wirksame" Anmeldung im Sinne des § 23 (Anerkennung des Eigentümers oder Glaubhaftmachung) erfordert wird (vgl. §§ 39, 48 N. 3).

3. Die Klage ist gegen alle Widersprechenden zu richten. Versäumung der Frist zur Klage hat ebenso wie Versäumung der Anmeldung den Verlust des Anteils an der Sicherheit zur Folge. Kein Klagrecht gegen die Empfänger derselben wegen ungerechtfertigter Bereicherung.

Veräußerung hinterlegter Wertpapiere.

§ 44. Sind Wertpapiere hinterlegt, so hat das Gericht die Veräußerung der Papiere[1]) nach Maßgabe der Vorschriften über die Zwangsvollstreckung[2]) anzuordnen; der Erlös ist zu hinterlegen[3]). Gegen die Anordnung der Veräußerung steht dem Eigentümer die sofortige Beschwerde zu; die Veräußerung erfolgt erst nach dem Eintritte der Rechtskraft der Anordnung.

Der Verteilungstermin soll nicht vor der Hinterlegung des Erlöses stattfinden.

E. § 32. Bgr. S. 47.

1. Das Recht des Hinterlegers, die hinterlegten Papiere gegen andere geeignete Wertpapiere oder Geld umzutauschen (BGB. § 235), bleibt unberührt

2. Also Verkauf durch den Gerichtsvollzieher entweder, falls die Papiere einen Börsen- oder Marktpreis haben, aus freier Hand zum Tageskurs oder andernfalls durch Versteigerung. Vgl. ZPO. §§ 821—823, 816–818.

3. Das Gesetz schreibt zwar Hinterlegung des Erlöses vor. Die hinterlegten Wertpapiere sind aber nur bestimmt, einen Geldbetrag von einem Drittel der voraussichtlichen Baukosten sicherzustellen; nur um diesen Zweck auf alle Fälle zu erreichen, schreibt das Gesetz die Hinterlegung eines höheren Betrages in Wertpapieren vor (s. § 12 Abs. 1). Sobald also durch deren Veräußerung die sicherzustellende Summe erzielt ist, gebührt der Mehrerlös dem Hinterleger. Die entgegengesetzte Auffassung (so Hagelberg) führt zu einer vom Gesetz nicht gewollten Ausdehnung der Pflicht zur Sicherheitsleistung.

Rückgabe der Sicherheit.

§ 45. Nach Ablauf einer Frist von einem Monate[1]), die mit dem im § 22 Abs. 3 bezeichneten Zeitpunkte beginnt, hat das Gericht[2]) auf Antrag die Rückgabe der Sicherheit anzuordnen, wenn ein Antrag auf Eröffnung des Verteilungsverfahrens nicht gestellt oder wenn der gestellte Antrag zurückgenommen oder rechtskräftig zurückgewiesen ist und nicht andere Bauforderungen inzwischen angemeldet worden sind[3]). Die Vorschriften des § 24 Abs. 2, 3[4]) finden entsprechende Anwendung.

Die Rückgabe der Sicherheit ist auch dann anzuordnen, wenn dem Gericht eine Bescheinigung der Baupolizeibehörde vorgelegt wird, daß die Bauerlaubnis versagt oder vor dem Beginne des Baues erloschen ist.

E. § 33. Bgr. S. 47. KB. S. 43.

1. Die im Entwurf vorgesehene Frist von zwei Monaten

ist ebenso wie die Anmeldungsfrist des § 22 in der RK. auf einen Monat herabgesetzt.

2. Das nach § 43 für das Verteilungsverfahren zuständige Amtsgericht.

3. Deshalb empfiehlt sich für alle Baugläubiger dringend die Anmeldung ihrer Forderungen innerhalb der einmonatigen Frist des § 22. Denn eine spätere Anmeldung muß zwar so lange, als die Rückgabe noch nicht angeordnet ist, vom Gericht noch berücksichtigt werden dergestalt, daß sie die Aufhebung des Verfahrens hindert. Da aber die Anordnung der Rückgabe nach Ablauf der Frist jederzeit erfolgen kann, so läuft der Baugläubiger, der die Anmeldung über die Frist hinaus verschiebt, Gefahr, sein Recht auf die Sicherheit zu verlieren.

4. Sicherheitsleistung des Eigentümers für eine einzelne angemeldete Forderung und spätere Rückgabe dieser Sicherheit.

Einigung der Beteiligten über Verteilung der Sicherheit.

§ 46. Wird dem Gerichte durch öffentliche oder öffentlich beglaubigte Urkunden nachgewiesen, daß sich die Beteiligten[1]) über die Verteilung der Sicherheit geeinigt haben, so hat es die Auszahlung der Sicherheit nach Maßgabe dieser Einigung anzuordnen. Auf die Vermittelung einer solchen Einigung finden die Vorschriften des § 26 entsprechende Anwendung[2]).

KB. S. 43.

1. Wer beteiligt ist, ergibt sich erst im Verteilungstermin. Da Einigung aller Beteiligten erforderlich ist, kann also die Auszahlung nach diesem Paragraphen erst im Verteilungstermin angeordnet werden.

2. Zusatz der RK., um dem Bauschöffenamt auch in diesem Fall Gelegenheit zu Vermittelung einer gütlichen Einigung zu geben. Ein Anmeldeverfahren beim Bauschöffenamt findet bei Sicherheitsleistung nach § 12 nicht statt. Vielmehr erschöpft sich die Tätigkeit des Bauschöffenamts regelmäßig mit der dort vorgesehenen Ermittelung der voraussichtlichen Baukosten, ohne daß das Bau-

schöffenamt weiteres von der Sache erfährt, auch nicht die erfolgte Gebrauchsabnahme (s. § 22 Abs. 2). Immerhin kann ein Beteiligter eben zu Vermeidung des gerichtlichen Verteilungsverfahrens ein Interesse daran haben, die Vermittelung des Bauschöffenamts anzurufen. Ist ein Verteilungsverfahren bereits eingeleitet und tritt darin ein Streit auf, so können sich die Beteiligten natürlich kürzer und einfacher vor dem Gericht einigen.

Besondere Vorschrift bei Haftung des befreiten Eigentümers für $1/_3$ der Baukosten.

§ 47. Haftet der Eigentümer nach § 12 Abs. 3 den Baugläubigern in Höhe des dritten Teiles der Baukosten, so erfolgt die Bestimmung der den einzelnen Baugläubigern auszuzahlenden Beträge durch ein Verteilungsverfahren. Auf das Verteilungsverfahren finden die Vorschriften der §§ 43, 45, 46 entsprechende Anwendung. An die Stelle der Anordnung der Rückgabe der Sicherheit tritt die Feststellung, daß die im § 12 Abs. 3 bestimmte Haftung erloschen ist[1]).

KB. S. 43.

1. Ebenfalls Zusatz der RK., mit Rücksicht auf die von ihr in § 12 Abs. 3 neu eingeführte Haftung. Vgl. § 12 N. 4. Darüber, wie sich dieses in das Gesetz hinein improvisierte „Verteilungsverfahren" zu gestalten hat, herrscht bereits ein unentwirrbarer Streit. Zunächst muß die „Teilungsmasse", die ja nicht in Geld, sondern in der Gesamthaftung des Eigentümers für das Drittel der aufgewendeten Baukosten besteht, festgestellt werden, ZVG. § 107. Als Grundlage dafür kommt nicht etwa ein Gutachten des Bauschöffenamts, sondern nur die Angabe des Eigentümers selbst in Betracht. Entsteht Streit, weil z. B. die Baugläubiger eine höhere Summe behaupten, so ist eine materielle Entscheidung dieses Streites durch das Verteilungsgericht ausgeschlossen; es bleibt nur der Weg

des Widerspruchs gegen den Teilungsplan. Wie aber, wenn der Eigentümer überhaupt keine Angabe macht, vielleicht auch dazu außer Stande ist, weil der Bau nicht von ihm, sondern mit seiner Zustimmung von einem Dritten (Pächter usw., s. § 12 N. 5) ausgeführt ist, der seinerseits an dem Verfahren überhaupt nicht beteiligt ist? Ebensowenig ist im Verteilungsverfahren Raum für die Entscheidung eines Streites über eine angemeldete Forderung. Also auch hier nur Widerspruch gegen den Teilungsplan, der doch die einzelnen Forderungen feststellen soll. Streitig ist auch die formelle Bedeutung des Teilungsplans, m. a. W. wie dessen „Ausführung" zu geschehen hat. Nach der meines Erachtens zutreffenden Ansicht kann er nicht als vollstreckbare Urkunde gelten, sondern es müssen die einzelnen, im Teilungsplan berücksichtigten Gläubiger ihre Ansprüche ev. durch Klage geltend machen, so daß also von einer Ausführung des Plans durch den Verteilungsrichter überhaupt nichts übrig bleibt!

Verteilungsverfahren bei Sicherheitsleistung nach § 13 (Differenzkaution).

§ 48. Ist nach § 13 Sicherheit geleistet, so kann nach dem Ablaufe der Anmeldungsfrist jeder Beteiligte die Eröffnung eines Verteilungsverfahrens in Ansehung der Sicherheit beantragen.

Die Vorschriften des § 43 Abs. 1 und der §§ 44, 46 finden Anwendung[1]).

Wird der Antrag auf Eröffnung des Verteilungsverfahrens zugelassen, so hat das Gericht gleichzeitig das Bauschöffenamt um Erteilung einer beglaubigten Abschrift der wirksamen Anmeldungen zu ersuchen[2]). Ansprüche, für die nach der Mitteilung des Bauschöffenamts eine wirksame Anmeldung vorliegt, stehen für das Verteilungsverfahren Ansprüchen gleich, die zur Zeit der Eintragung des Vollstreckungsvermerkes aus dem Grundbuch ersichtlich waren[3]).

Sind ein Verteilungsverfahren in Ansehung der Sicherheit und ein Verteilungsverfahren über den Erlös des mit der Bauhypothek belasteten Grundstücks gleichzeitig anhängig, so hat das Gericht beide Verfahren zu verbinden. Die Verbindung findet nicht mehr statt, sobald in einem der Verfahren der Verteilungstermin abgehalten ist[4]).

E. § 34. Bgr. S. 47/48.

1. Es gelten im allgemeinen für dies Verteilungsverfahren dieselben Grundsätze, wie bei Sicherheitsleistung nach § 12 (Baukostenkaution). Übrigens beziehen sich die Vorschriften der §§ 48, 49 auch auf ein hinterlegtes Fünftel des Baugeldes (s. § 34 Abs. 3). Abweichungen ergeben sich nur aus dem Zusammenhang zwischen der Differenzkaution und der Bauhypothek. Der Antrag ist hier erst nach Ablauf — nicht wie in § 42 nach Beginn — der Anmeldefrist zulässig. Es bedarf hier keiner öffentlichen Bekanntmachung, weil die beteiligten Baugläubiger sich aus den wirksamen Anmeldungen beim Bauschöffenamt ergeben.

2. Durch die Einfügung der Bauschöffenämter in das Gesetz ist in diesem Paragraphen eine kleine Unstimmigkeit entstanden. § 30 bestimmt, daß das Bauschöffenamt nach Ablauf der Anmeldefrist die Anmeldungen usw. dem Grundbuchamt übersenden muß, wenigstens stets dann, wenn eine Bauhypothek einzutragen ist. Da der Antrag auf Verteilungsverfahren gemäß § 48 erst nach Ablauf der Frist zuläßig ist, werden die Anmeldungen wohl regelmäßig beim Grundbuchamt sein, eine beglaubigte Abschrift würde also nur von diesem erteilt werden können.

3. Die beim Bauschöffenamt wirksam angemeldeten Ansprüche brauchen also im Verteilungsverfahren nicht angemeldet zu werden, weil dasselbe nach § 43 Abs. 1 als Zwangsvollstreckungsverfahren anzusehen ist und deshalb § 39 Anwendung findet, welcher wirksam angemeldete Ansprüche den eingetragenen

Ansprüchen gleichstellt. — Sie müssen also in den Verteilungsplan aufgenommen werden, und beim Widerspruch eines Beteiligten muß dieser, nicht der Baugläubiger, Klage erheben.

4. Die Verbindung der etwa gleichzeitig anhängigen zwei Verteilungsverfahren empfiehlt sich hier deshalb, weil in beiden dieselben Baugläubiger in Betracht kommen (vgl. § 41 Note 3), während bei Hinterlegung nach § 12 die Baugläubiger lediglich Anspruch auf die Sicherheit, aber keine Bauhypothek besitzen.

Rückgabe der Differenzkaution.

§ 49. Wird der Bauvermerk nach § 17 oder nach § 27 Abs. 1 gelöscht, so hat das Bauschöffenamt auf Antrag die Rückgabe der gemäß § 13 geleisteten Sicherheit anzuordnen. Das Gleiche gilt, wenn dem Bauschöffenamte nach dem Ablaufe der Anmeldungsfrist die Zustimmung aller Baugläubiger, für welche wirksame Anmeldungen vorliegen, in der für Eintragungsbewilligungen durch die Grundbuchordnung vorgeschriebenen Form nachgewiesen wird [1] [2].

E. § 35. Bgr. S. 48.

1. Die Voraussetzungen der Rückgabe weichen ebenfalls von § 45 ab. Sie muß unter denselben Bedingungen erfolgen, unter denen der Bauvermerk zu löschen ist, aber auf Anordnung des Bauschöffenamts, und zwar entweder nach Vorlage baupolizeilicher Bescheinigung über Erlöschen der Bauerlaubnis vor Baubeginn bzw. über nachträgliche Sicherheitsleistung gemäß § 12 und bei Zurücknahme des polizeilichen Ersuchens um Eintragung oder wenn nach Ablauf der Anmeldefrist wirksame Anmeldungen von Bauforderungen beim Bauschöffenamt nicht erfolgt sind. Sind aber solche erfolgt, so muß zunächst dem Bauschöffenamt die Zustimmung der Baugläubiger zur Rückgabe der Sicherheit in gerichtlich oder notariell beglaubigter Form nachgewiesen werden. Erst dann hat es die Rückgabe anzuordnen. Die gleiche Formvorschrift gilt selbstverständlich auch

für die Löschung der bereits eingetragenen Bauhypothek, nur daß für diese eine Mitwirkung des Bauschöffenamts nicht in Betracht kommt, vielmehr die Löschung ebenso wie die Löschung einer jeden anderen Hypothek direkt beim Grundbuchamt zu beantragen ist. — Wenn also die Bauhypothek eingetragen ist, was ja nach § 27 Abs. 2 alsbald nach Ablauf der Anmeldungsfrist geschehen mußte, und wenn außerdem Differenzkaution geleistet ist, so werden befriedigte Baugläubiger, welche wirksam angemeldet haben, zweckmäßig zur Kostenersparung in derselben Urkunde in die Löschung der Bauhypothek durch das Grundbuchamt und in die Anordnung der Rückgabe der Sicherheit durch das Bauschöffenamt einwilligen.

2. Löschung des Bauvermerks im Zwangsversteigerungsverfahren ist auf Rückgabe der Differenzkaution ohne Einfluß.

Sechster Titel.
Bauschöffenamt.

Organisation des Bauschöffenamts §§ 50—60.

§ 50. Die Errichtung eines Bauschöffenamts (§ 9 Abs. 2) erfolgt durch Ortsstatut nach Maßgabe des § 142 der Gewerbeordnung. Vor der Abfassung des Statuts ist die Handwerkskammer des Bezirkes anzuhören[1]).

Mehrere Gemeinden können sich durch übereinstimmende Ortsstatute zur Errichtung eines gemeinsamen Bauschöffenamts für ihre Bezirke vereinigen. Für die Genehmigung der übereinstimmenden Ortsstatute ist die höhere Verwaltungsbehörde zuständig, in deren Bezirke das Bauschöffenamt seinen Sitz haben soll.

Die Errichtung des Bauschöffenamts erfolgt durch Anordnung der Landeszentralbehörde, wenn ungeachtet einer von ihr an die Gemeinde ergangenen Aufforderung innerhalb der gesetzten Frist die Errichtung auf dem in Abs. 1, 2 bezeichneten Wege nicht erfolgt ist. Alle Be-

stimmungen, welche dieses Gesetz dem Statute vorbehält, erfolgen in diesem Falle durch die Anordnung der Landeszentralbehörde[2]).

KB. S. **44** f. Entw. der Unterkomm. §§ 42a—42l.

1. Nach § 9 Abs. 2 wird zunächst die landesherrliche Verordnung mit Feststellung eines bestimmten Termins für ihr Inkrafttreten zu erlassen und dann von der Landeszentralbehörde die in Abs. 3 dieses Paragraphen vorgesehene, entsprechend kürzer zu bemessende Frist für Errichtung des Bauschöffenamts zu bestimmen sein. — Durch den Hinweis auf § 142 GewOrdn. ist die nicht in allen Bundesstaaten gleichmäßig bestehende Genehmigung des Ortsstatuts durch die höhere Verwaltungsbehörde reichsgesetzlich vorgeschrieben. Die Handwerkskammer hat nur das Recht, sich gutachtlich zu äußern. Ihre Zustimmung ist nicht erforderlich.

2. Über die Funktionen des Bauschöffenamts vgl. die Zusammenstellung in Note 4 zu § 9, über die Zulassung von Abweichungen von den §§ 50—59 durch landesherrl. Verordnung vgl. § 60, über Übertragung der Verrichtungen des Bauschöffenamts an eine andere Behörde, einen Beamten oder einen Notar vgl. § 63.

§ 51. Das Bauschöffenamt besteht aus einem Vorsitzenden und mindestens einem Stellvertreter sowie der erforderlichen Zahl von Bauschöffen; die Zahl der letzteren soll mindestens vier betragen[1]).

Bei Ämtern, die aus mehreren Abteilungen bestehen, können mehrere Vorsitzende bestellt werden.

KB. S. 46. KE. § 42b.

1. Durch Bestimmung einer Mindestzahl sollen persönliche Einflüsse tunlichst ausgeschaltet werden. Im übrigen ist das Ortsstatut in Bestimmung der Zahl der Bauschöffen nicht beschränkt.

§ 52. Als Bauschöffe soll nur berufen werden, wer zum Amte eines Schöffen fähig ist (§§ 31, 32 **des**

Gerichtsverfassungsgesetzes), das dreißigste Lebensjahr vollendet hat und in dem Bezirke des Amtes während mindestens drei Jahren gewohnt hat oder beschäftigt[1]) gewesen ist.

Mindestens die Hälfte der Bauschöffen soll aus Bausachverständigen bestehen[2]).

KB. S. 47, 59. KE. § 42c.

1. Die bloße gewerbliche Niederlassung im Amtsbezirk genügt.

2. Antrag auf paritätische Wahl auch von Bauarbeitern abgelehnt, weil es sich auch bei der vermittelnden Tätigkeit nicht um Vermittelung zwischen Arbeitgebern und Arbeitnehmern handelt. Wählbar ist ein Bauarbeiter als Bausachverständiger.

§ 53. Die Mitglieder des Bauschöffenamts[1]) werden durch den Magistrat und, wo ein solcher nicht vorhanden ist oder das Statut dies bestimmt, durch die Gemeindevertretung auf mindestens drei Jahre nach Anhörung der Handwerkskammer des Bezirkes gewählt.

Sind Wahlen innerhalb der durch das Ortsstatut zu bestimmenden Frist nicht zustandegekommen, so ist die höhere Verwaltungsbehörde[2]) befugt, die Mitglieder des Amtes selbst zu ernennen.

Namen und Wohnort der Mitglieder des Amtes werden nach näherer Bestimmung des Statuts öffentlich bekanntgemacht.

KB. S. 47. KE. § 42d.

1. Nicht bloß die Bauschöffen, sondern auch der Vorsitzende und dessen Stellvertreter, welche nach § 51 nicht Bauschöffen, aber Mitglieder des Bauschöffenamts sind. Daraus folgt, daß nicht etwa die Bauschöffen unter sich einen Vorsitzenden und dessen Stellvertreter zu wählen haben, sondern daß die Wahl durch den Magistrat erfolgt, der dazu wohl regelmäßig Mitglieder des Magistrats oder städtische Beamte mit geeigneter

Vorbildung bestimmen wird. Auch hier hat die Handwerkskammer nur das Recht, Vorschläge zu machen, die aber nicht verbindlich sind.

2. S. § 59 Satz 2.

§ 54. Das Amt der Bauschöffen[1]) ist ein Ehrenamt. Die Übernahme kann nur aus den Gründen abgelehnt werden, welche zur Ablehnung eines unbesoldeten Gemeindeamts berechtigen. Wo landesgesetzliche Bestimmungen über die zur Ablehnung von Gemeindeämtern berechtigenden Gründe nicht bestehen, darf die Übernahme nur aus denselben Gründen verweigert werden, aus welchen das Amt eines Vormundes abgelehnt werden kann. Wer das Amt eines Bauschöffen sechs Jahre versehen hat, kann während der nächsten sechs Jahre die Übernahme des Amtes ablehnen. Über den Ablehnungsantrag entscheidet die im § 53 Abs. 1 bezeichnete Stelle[2]).

Die Bauschöffen erhalten eine Entschädigung für Zeitversäumnis und Vergütung der Reisekosten. Die Höhe der Entschädigung ist durch das Statut festzusetzen; eine Zurückweisung derselben ist unstatthaft[3]).

KB. S. 47. KE. § 42e.

1. Nicht des Vorsitzenden und seines Stellvertreters, denen eine Vergütung oder ein Gehalt bewilligt werden kann.

2. Entspricht dem § 20 des GewGerGes.

3. Reisekosten umfassen den Mehraufwand während der Reise, der in Form von Tagegeldern vergütet werden soll.

§ 55. Auf die Vorsitzenden des Bauschöffenamts und deren Stellvertreter finden die für Gemeindebeamte geltenden Disziplinarvorschriften Anwendung. Inwieweit gleichartige Vorschriften auf die Bauschöffen Anwendung finden, bestimmt sich nach den Landesgesetzen.

Für die Entfernung eines Bauschöffen von seinem

Amte gelten, soweit nicht nach Abs. 1 ein anderes bestimmt ist, folgende Vorschriften. Ein Bauschöffe, hinsichtlich dessen Umstände eintreten oder bekannt werden, welche seine Wählbarkeit nach Maßgabe dieses Gesetzes ausschließen, ist des Amtes zu entheben; die Enthebung erfolgt durch die höhere Verwaltungsbehörde nach Anhörung des Beteiligten. Ein Bauschöffe, der sich einer groben Verletzung seiner Amtspflicht schuldig macht, kann seines Amtes entsetzt werden. Die Entsetzung erfolgt durch das Landgericht, in dessen Bezirke das Bauschöffenamt seinen Sitz hat. Hinsichtlich des Verfahrens und der Rechtsmittel finden die Vorschriften entsprechende Anwendung, welche für die zur Zuständigkeit der Landgerichte gehörigen Strafsachen gelten. Die Klage wird von der Staatsanwaltschaft auf Antrag der höheren Verwaltungsbehörde erhoben[1]).

KB. S. 47. KE. § 42f.

1. Abs. 2 ist wörtlich gleich dem § 21 GewGerGes.

§ 56. Der Vorsitzende des Bauschöffenamts und dessen Stellvertreter sind vor ihrem Amtsantritte durch den von der höheren Verwaltungsbehörde beauftragten Beamten, die Bauschöffen vor der ersten Dienstleistung durch den Vorsitzenden auf die Erfüllung der Obliegenheiten des ihnen übertragenen Amtes eidlich zu verpflichten[1]).

KB. S. 47. KE. § 42g.

1. Entspricht dem § 22 GewGerGes.

§ 57. Die Vorschriften über die Beschlußfähigkeit und den Geschäftsgang des Bauschöffenamts sind im Ortsstatute zu treffen.

Durch das Statut kann bestimmt werden, daß für

gewisse Fälle, insbesondere bei Einwendungen gegen die Feststellung des Baustellenwerts und die Höhe der Baukosten, eine größere Zahl von Mitgliedern zuzuziehen ist[1]).

KB. S. 47. KE. § 42h.

1. Im Gesetz selbst sieht nur § 26 die Bestimmung von Terminen vor. Abgesehen davon würde schriftliche Erledigung der Geschäfte auch im Fall des Abs. 2 dieses Paragraphen („zuzuziehen") zulässig sein.

Gebühren.

§ 58. Zur Deckung der Kosten des Bauschöffenamts sind für die Tätigkeit desselben Gebühren zu entrichten, deren Höhe durch das Statut bestimmt wird. Die Gebühren fallen dem Eigentümer zur Last.

Die Gebühren bilden Einnahmen des Bauschöffenamts[1]); ihre Einziehung erfolgt nach den für die Einziehung der Gemeindeabgaben geltenden Vorschriften. Im Falle der Zwangsversteigerung sind sie aus dem Grundstücke mit dem Range der öffentlichen Lasten des Grundstücks zu befriedigen.

Die Gebühren sollen nicht höher bemessen werden, als es zur Deckung der Kosten der Einrichtung und der Unterhaltung des Bauschöffenamts notwendig ist; soweit diese Kosten in den Einnahmen des Bauschöffenamts ihre Deckung nicht finden, sind sie von der Gemeinde zu tragen.

Wird das Bauschöffenamt nicht ausschließlich für eine Gemeinde errichtet, so ist in dem Statute zu bestimmen, zu welchen Anteilen die einzelnen Gemeinden an der Deckung der Kosten teilnehmen.

KB. S. 47. KE. § 42i.

1. Es kann also auch durch das Ortsstatut nicht etwa bestimmt werden, daß die Gebühren den einzelnen Bauschöffen

als Vergütung zukommen. Da das Bauschöffenamt eine Einrichtung der Gemeinde ist, kommen ihr dessen Einnahmen zu, während sie andererseits auch dessen Kosten zu tragen hat.

§ 59. Die Zentralbehörden der Bundesstaaten bestimmen, von welchen Organen der Gemeinde die Statuten über Errichtung von Bauschöffenämtern zu beschließen und von welchen Staats- oder Gemeindeorganen die übrigen in diesem Gesetze den Staats- oder Gemeindebehörden sowie den Vertretungen der Gemeinden zugewiesenen Verrichtungen wahrzunehmen sind. Mit den von der höheren Verwaltungsbehörde wahrzunehmenden Geschäften dürfen jedoch nur diejenigen höheren Verwaltungsbehörden betraut werden, welche nach Landesrecht die Aufsicht oder Oberaufsicht in Gemeindeangelegenheiten wahrzunehmen haben[1]).

KB. S. 47. KE. § 42k.

1. Notwendig wegen der Verschiedenheit der Behördenorganisation in den einzelnen Bundesstaaten.

§ 60. Durch landesherrliche Verordnung können von den Vorschriften der §§ 50 bis 59 Abweichungen zugelassen werden[1]).

KB. S. 47/48, 60. KE. § 42 l.

1. Es soll die Möglichkeit gegeben werden, die Bauschöffenämter an bereits vorhandene Schätzungs- oder ähnliche Behörden anzugliedern, auch die Schätzungen staatlicher Kreditinstitute zu benutzen.

Siebenter Titel.

Schlußbestimmungen.

Vorbemerkung. Nach der systematischen Stellung des siebenten Titels würden dessen Bestimmungen bei strenger Auslegung nur auf den zweiten Abschnitt des Gesetzes Anwendung finden müssen. Da sie aber wiederholt von „diesem Gesetz" sprechen, werden sie auch auf Abschn. I anzuwenden sein, was von praktischer Bedeutung jedenfalls bez. des § 61 Abs. 3 ist.

Erbbauberechtigte.

§ 61. Soll das Gebäude von einem Erbbauberechtigten errichtet werden, so ist der Bauvermerk auf dem Grundbuchblatte des Erbbaurechts einzutragen[1]). Der Wert des Erbbaurechts tritt an die Stelle des Baustellenwerts.

Bei der Feststellung der Belastungen sind sowohl die auf dem Erbbaurecht als die auf dem Grundstücke haftenden, dem Erbbaurechte vorgehenden Belastungen zu berücksichtigen.

Die sich auf den Eigentümer beziehenden Vorschriften dieses Gesetzes finden auf den Erbbauberechtigten Anwendung.

E. § 36. Bgr. S. 48.

1. Also nicht auf dem Grundbuchblatt des Eigentümers. Vielmehr tritt der Erbbauberechtigte vollständig an die Stelle des Eigentümers.

Verzicht.

§ 62. Auf die durch dieses Gesetz den Baugläubigern gewährten Rechte kann erst nach dem Beginne der im § 22 Abs. 3 und im § 45 Abs. 1 bestimmten Frist oder nach der Anordnung der Zwangsversteigerung oder der Zwangsverwaltung verzichtet werden[1]).

E. § 37. Bgr. S. 48.

1. Hiermit soll Nötigung zu einem Verzicht verhütet werden, zu dem der wirtschaftlich Schwächere bereit sein könnte, um Arbeit zu bekommen. — Nach dem Beginn der Anmeldungsfrist (§ 22), der Frist für den Antrag auf Einleitung des Verteilungsverfahrens (§ 45) oder nach Anordnung der Zwangsvollstreckung

muß dagegen ein Verzicht zulässig sein, um gütliche Auseinandersetzung der Beteiligten zu ermöglichen.

Vorbehalt von Änderungen der Zuständigkeit.

§ 63. Durch landesherrliche Verordnung können Verrichtungen, die nach diesem Gesetze dem Bauschöffenamt obliegen, einer anderen Behörde, einem Beamten oder einem Notar, ingleichen kann die Zuständigkeit für das Verteilungsverfahren einer anderen Behörde, einem Beamten oder einem Notar übertragen werden. Ebenso können durch landesherrliche Verordnung die Verrichtungen der Baupolizeibehörde oder der Treuhänder dem Bauschöffenamt übertragen werden[1]).

E. § 38. Bgr. S. 49. KB. S. 22, 44, 60.

1. Der E. hatte die Möglichkeit der Übertragung von Verrichtungen der Baupolizeibehörde an eine andere Behörde vorgesehen, und zwar im Hinblick auf die etwaige Errichtung von Bauschöffenämtern. Daneben war die Übertragung der Verrichtungen des Treuhänders und die des Verteilungsverfahrens an eine andere Behörde, einen Beamten oder Notar vorbehalten. — Nachdem die RK. die Bauschöffenämter und deren teilweise Besetzung mit Bausachverständigen (s. § 52) obligatorisch eingeführt hat, ist die jetzt beliebte Übertragungsmöglichkeit ihrer Verrichtungen, zumal im Hinblick auf § 60, nicht recht begreiflich. Seltsam mutet namentlich der Gedanke an, Verrichtungen, zu denen unbedingt fachmännische Kenntnis notwendig ist, wie Abschätzung von Baustellenwerten und Baukosten u. dgl. den Notaren zu übertragen, die sich wahrscheinlich gegen eine solche Zumutung nach Kräften wehren würden! — Jedenfalls ist zu hoffen, daß die Bundesstaaten von diesem Vorbehalt möglichst sparsamen Gebrauch machen werden.

Kosten.

§ 64. Die zur Ausführung dieses Gesetzes erforderlichen

Vorschriften über die Kosten werden durch landesherrliche Verordnung erlassen[1]).

E. § 39. Bgr. S. 49.

1. Erforderlich sind noch Vorschriften über die Kosten der neuen Verrichtungen der Baupolizeibehörde, des Grundbuchamts und des Verteilungsgerichts. Unter die Kosten der Bauschöffenämter soll nach § 58 das betr. Ortsstatut entscheiden. — Die Begründung empfiehlt mäßige Bemessung der festzusetzenden Gebühren.

Zurücknahme der Verordnung des § 9.

§ 65. Die im § 9 vorgesehene landesherrliche Verordnung kann zurückgenommen werden[1]).

Auf Neubauten, für die bereits ein Bauvermerk oder eine Bauhypothek eingetragen oder gemäß § 12 Sicherheit geleistet ist, finden die Vorschriften dieses Gesetzes ungeachtet der Zurücknahme Anwendung[2]).

E. § 40. Bgr. S. 49.

1. Die Möglichkeit der Zurücknahme mußte sowohl im Hinblick auf eine mögliche Veränderung der für Einführung des Baugläubigerschutzes maßgebenden Verhältnisse, als im Hinblick auf mögliche schlechte Erfahrungen in einzelnen Gemeinden vorbehalten bleiben.

2. Im Interesse der Erhaltung wohlerworbener Rechte.

Freie Hansestädte.

§ 66. Diejenigen Gegenstände, welche in diesem Gesetze der Regelung durch landesherrliche Verordnung vorbehalten sind, werden in den freien Hansestädten durch Verordnung der Landeszentralbehörde geregelt.

E. § 41. Bgr. S. 49.

Reichsgericht.

§ 67. In bürgerlichen Rechtsstreitigkeiten, in welchen durch Klage oder Widerklage ein Anspruch auf Grund dieses Gesetzes geltend gemacht ist, wird die Verhandlung und Entscheidung letzter Instanz im Sinne des § 8 des Einführungsgesetzes zum Gerichtsverfassungsgesetze dem Reichsgerichte zugewiesen[1]).

E. § 42. Bgr. S. 49.

1. Das Gesetz stellt sich als Ergänzung des BGB. dar und soll deshalb unter die Zuständigkeitsvorschrift des Art. 6 EG. z. BGB. fallen. Diese Zuständigkeitsvorschrift kann — im Gegensatz zu § 63 — durch landesherrliche Verordnung nicht abgeändert werden.

Urkundlich unter Unserer Höchsteigenhändigen Unterschrift und beigedrucktem Kaiserlichen Insiegel.

Gegeben Neues Palais, den 1. Juni 1909.

(L. S.) Wilhelm.

Fürst v. Bülow.

Formular zum Baubuch.

Neubau Hohenzollernstraße 162.

I. Baugläubiger (für jedes Konto entsprechender Raum).

1. Schachtmeister Berger, hier.

Art der Arbeiten oder Lieferungen[1]): Erdarbeiten.

Vereinbarte Vergütung: .... M. für den Kubikmeter.

Geleistete Zahlungen.

Datum			Art der Zahlung	Betrag	
Tag	Monat	Jahr		M.	Pf.
10.	März	1909	Barzahlung	500	—
17.	"	1909	Durch Wechsel per 17. 6. cr. . . .	300	—
24.	"	1909	Anweisung auf Kreditverein .	300	—

1) Nur Angabe der Art der Arbeiten, nicht der einzelnen Arbeiten wird vom Gesetz gefordert.

2. Vereinigte Backsteinfabriken, G. m. b. H., hier.

Art der Arbeiten oder Lieferungen:

Lieferung von ca. 100000 Fassadensteinen, ca. 200000 Hintermauersteinen.

Vereinbarte Vergütung: . . . . M. bzw. . . . . M. f. 1000 Steine.

Geleistete Zahlungen.

Datum			Art der Zahlung	Betrag	
Tag	Monat	Jahr		M.	Pf.
5.	April	1909	Anweisung auf Baubank X	2000	—

3. Lohnkonto für Maurerarbeiten[1]).
Vergütung nach Ortstarif.

Datum			Namen der Arbeiter	Betrag	
Tag	Monat	Jahr		M.	Pf.
12.	April	1909	1. Müller, Geselle 2. Schulze, Geselle 3. Friedrich, Steinträger 4. Zimmermann, Lehrling	102	50
19.	"	1909	Die zu 1—4 Genannten 5. Herbardt, Geselle	130	—
26.	"	1909	Die zu 2—5 Genannten	98	—

[1]) Führung eines besonderen Kontos für jeden einzelnen Arbeiter wird nicht erforderlich sein, vielmehr wird die Zusammenfassung unter einem Lohnkonto und ebenso die Bezugnahme auf allgemein vereinbarte Lohnbedingungen genügen.

II. Geldgeber.

1. Kreditverein zu Cassel e. G. m. b. H.

Zugesichertes Baugeld: 80000 M.

Zahlungen und Abtretungen.

Datum			Empfänger der Zahlung oder Abtretung	Betrag	
Tag	Monat	Jahr		M.	Pf.
10.	März	1909	Bar erhoben	500	—
24.	„	„	Anweisung an Schachtmeister Berger . . .	300	—
30.	„	„	Abtretung an Vereinigte Backsteinfabriken .	3000	—

(Etwaige Pfändungen können mit entsprechendem Vermerk ebenfalls in der Reihenfolge der Einträge aufgeführt werden.)

2. Wilhelm Francke, Privatmann.

Datum				Betrag	
Tag	Monat	Jahr		M.	Pf.
10.	April	1909	Abzahlung auf Kaufgeld gegen Eintrag in Abt. III Nr. 2	10000	—

III. Entnahmen aus dem Baugeld für eigene Leistungen[1]).

Datum			Art der eigenen Leistung	Betrag	
Tag	Monat	Jahr		M.	Pf.
10.	März	1909	Für Zahlung an Schachtmeister Berger .	500	—
12.	April	"	Für Lohnzahlung	102	50
15.	"	"	Für eigene Tätigkeit als Architekt im Wert v. M. 1200	600	—

[1]) Hier werden nicht nur die eigenen Leistungen, für welche Entnahmen nur in der Hälfte ihres Wertes zulässig sind, sondern auch die aus eigenen Mitteln für Bauforderungen geleisteten Zahlungen, die dem Baugeld voll entnommen werden dürfen, aufzuführen sein.

Sachregister.

(Die Zahlen beziehen sich auf die Paragraphen des Gesetzes.)

A.

(Die Zahlen beziehen sich auf die Paragraphen des Gesetzes.)

(Die Zahlen beziehen sich auf die Paragraphen des Gesetzes.)

D.

E.

F.

(Die Zahlen beziehen sich auf die Paragraphen des Gesetzes.)

S.

T.

U.

V.

Druck von A. W. Hayn's Erben (Curt Gerber), Potsdam.

Guttentag'sche Sammlung

Deutscher Reichsgesetze.

Text-Ausgaben mit Anmerkungen. Taschenformat.

---

1. **Verfassung des Deutschen Reichs.** Von Dr. **L. von Rönne. 10. Aufl.** von Landrat **P. von Rönne** und Regierungsassessor **von Dobbeler.** 1912. 2 M. 60 Pf.

2. **Strafgesetzbuch** für das Deutsche Reich. Von Dr. **H. Rüdorff. 23. Aufl.** bearbeitet von Prof. Dr. **Franz v. Liszt** und Dr. **Ernst Delaquis.** 1910. 1 M. 80 Pf.

3. **Militärstrafgerichtsordnung** nebst Einführungsgesetz. Von Wirkl. Geheimen Kriegsrat Dr. jur. **A. Romen** und Kriegsgerichtsrat Dr. jur. **Carl Rissom.** 1910. 6 M.

4. **Handelsgesetzbuch vom 10. Mai 1897** unter Ausschluß des Seerechts. **14. Aufl.** Herausgegeben von Geh. Justizrat Prof. Dr. **A. Mosse.** 8°. 1911. 5 M.

5. **Wechselordnung vom 3. Juni 1908.** Kommentar von Justizrat Dr. **J. Stranz** und Rechtsanwalt Dr. **M. Stranz,** und das **Wechselstempelsteuergesetz vom 15. Juli 1909** von Geh. Regierungsrat **P. Loeck. 10. Aufl.** 1909. 3 M.

5 a. **Wechselstempelsteuergesetz** apart. **10. Aufl.** 1 M. 25 Pf.

6. **Reichsgewerbeordnung** nebst Ausführungsbestimmungen. Von **Berger** und **Wilhelmi. 18. veränderte und sehr vermehrte Auflage** von Stadtrat Dr. **Karl Flesch** in Verbindung mit Dr. **Friedr. Hiller** und Dr. **Herm. Luppe.** 1910. 4 M.

7. **Post- und Telegraphen-Gesetzgebung.** Nebst Weltpostvertrag und internationalem Telegraphenvertrag. **6. Aufl.** von Geh. Ober-Postrat Dr. **M. König.** 1908. 4 M.

8. Die Reichsgesetze über den **Unterstützungswohnsitz, die Freizügigkeit, den Erwerb und Verlust der Bundes- und Staatsangehörigkeit.** Von Geheimrat Dr. **J. Krech,** Mitglied des Bundesamtes für das Heimatwesen. **7. Aufl.** 1908. Mit Anhang: Gesetz für Elsaß-Lothringen v. 1909. 3 M.

9. Sammlung **kleinerer strafrechtlicher Reichsgesetze.** Von Dr. **R. H. Kriegsmann,** Privatdozent in Kiel. **3. Aufl.** 1910. 4 M.

10. Das **Reichsbeamtengesetz** von **J. Pieper. 2. Aufl.** 1901. 4 M. 50 Pf.

Reichsbeamtengesetz von 1907 siehe Nr. 82.

11. **Zivilprozeßordnung mit Gerichtsverfassungsgesetz** in der Fassung vom 1. Juni 1910. Von **R. Sydow.** Fortgeführt von **L. Busch. 13. Aufl.** 8°. 1910. 7 M.

12. **Strafprozeßordnung und Gerichtsverfassungsgesetz** nebst den Gesetzen, betr. die Entschädigung der im Wiederaufnahmeverfahren freigesprochenen Personen und die Entschädigung für unschuldig erlittene Untersuchungshaft. Von Dr. **A. Hellweg,** Reichsgerichtsrat. **15. Aufl.** 1908. 2 M.

13. **Konkursordnung und Anfechtungsgesetz.** Von **R. Sydow.** Fortgeführt von **L. Busch. 11. Aufl.** 1911. 2 M. 80 Pf.

14. **Gerichtsverfassungsgesetz** mit Einführungsgesetz. Herausgegeben von **R. Sydow.** Fortgeführt von **L. Busch. 9. Aufl.** 1905. Mit Nachtrag, enthaltend die Novelle vom 1. Juni 1909. 1 M. 50 Pf.

15. Das **Deutsche Gerichtskostengesetz** nebst den Gebührenordnungen für Gerichtsvollzieher, Zeugen und Sachverständige. Von **R. Sydow.** Weiter bearbeitet von Reichsgerichtsrat **L. Busch** und Gerichtsassessor **Arno Busch. 9. Aufl.** 1912. ca. 2 M. Im Druck.

16. **Rechtsanwaltsordnung.** Von **R. Sydow. 5. Aufl.** von Justizrat **M. Jacobsohn.** 1907. Mit Nachtrag, enthaltend die Bestimmungen vom 22. Mai 1910. 1 M. 20 Pf.

17. Die **Deutsche Gebührenordnung für Rechtsanwälte und das Preußische Gebührengesetz** vom 27. September/6. Oktober 1899. Von **R. Sydow.** Fortgeführt von **L. Busch. 10. Aufl.** 1911. 2 M. 70 Pf.

18. **Reichsstempelgesetz** vom 15. Juli 1909. (Börsen-, Lotterie- [Spiel- und Wette], Frachturkunden-, Fahrkarten-, Kraftfahrzeug-, Tantieme, Scheck- und Grundstücksübertragungssteuer.) Mit den gesamten Ausführungsbestimmungen. **10. Aufl.** von Geh. Regierungsrat **P. Loeck.** 1910. Mit Nachtrag, enthaltend die Änderungen vom 14. Febr. 1911. 8°. 6 M.

19. Die **Seegesetzgebung.** Von Dr. **W. E. Knitschky. 4. Aufl.** bearbeitet von Oberlandesgerichtsrat **Otto Rudorff** in Hamburg. 1908. Mit Anhang, enthaltend die Bestimmungen von 1909. 6 M.

20. **Krankenversicherungsgesetz.** Von weil. Dr. **E. von Woedtke. 11. Aufl.** von Geh. Reg.-Rat Dr. **G. Eucken-Addenhausen.** 1905. 3 M.

21. Die **Konsulargesetzgebung.** Von Professor Dr. **Ph. Zorn. 3. Aufl.** bearbeitet von Reg.-Assessor Dr. **K. Zorn.** 1911. 4 M. 50 Pf.

22. **Patentgesetz.** Nebst Ausführungsbestimmungen, völkerrechtlichen Verträgen und der Patentanwalts-Ordnung. **7. Aufl.** bearbeitet von **R. Lutter,** Geh. Reg.-Rat im Kaiserl. Patentamt. 1908. 2 M. 80 Pf.

23. **Gewerbe-Unfallversicherungsgesetz.** Von weil. Dr. **E. von Woedtke. 9. Aufl.** von **Franz Caspar,** Direktor im Reichsamt des Innern. 1907. 2 M. 50 Pf.

24. **Aktiengesellschaft und Kommanditgesellschaften auf Aktien.** Von Kammergerichtsrat Dr. **H. Keyßner** und Justizrat Dr. **H. Veit Simon. 6. Aufl.** von Amtsrichter **L. Keyßner.** 1911. 3 M.

25. **Brausteuergesetz.** vom 15. Juli 1909. Von **A. Düffe,** Oberzollrevisor. **2. Aufl.** 1910. 3 M.

26. Die Reichsgesetzgebung über **Münz- und Notenbankwesen,** Papiergeld, Prämienpapiere und Reichsschulden. Von Dr. jur **R. Koch,** Präsident des Reichsbankdirektoriums. **6. Aufl.** 1910. 4 M.

27. Die Gesetzgebung, betr. das **Gesundheitswesen** im Deutschen Reich. Von Dr. jur. **C. Goesch** und Dr. med. **J. Karsten.** 1888. 1 M. 60 Pf.

28. **Bau-Unfallversicherungsgesetz.** Vom 30. Juni 1900. Von **R. Chrzescinski,** Kaiserl. Regierungsrat. **3. Aufl.** 1900 2 M.

29. **Erwerbs- und Wirtschaftsgenossenschaften.** Von **L. Parisius** und Dr. **H. Crüger. 13. Aufl.** von Dr. **H. Crüger.** 1910. 1 M. 50 Pf.

30. **Invalidenversicherungsgesetz** vom 13. Juli 1899. Von weil. Dr. **E. von Woedtke. 10. Aufl.** von Regierungsrat **H. Follmann.** 1906. 4 M. (Vergriffen!)

31. **Gewerbegerichtsgesetz.** Von Stadtrat **L. Mugdan. 7. Aufl.** bearbeitet von **W. Cuno,** Oberbürgermeister zu Hagen i. W. 1911. 2 M. 50 Pf.

32. Reichsgesetz, betr. die **Gesellschaften mit beschränkter Haftung.** Von **L. Parisius** und Dr. **H. Crüger. 12. Aufl.** von Dr. **H. Crüger.** 1912. 1 M. 80 Pf.

33. **Vereins- und Versammlungsrecht.** Von Dr. **E. Ball. 2. Aufl.** von Dr. **F. Friedenthal.** 1907. 2 M. 50 Pf.

Reichs-Vereinsgesetz vom 19. April 1908 siehe Nr. 88.

34. Die **Abzahlungsgeschäfte.** Gesetz vom 16. Mai 1894. **3. vermehrte Aufl.** besorgt von Dr. **E. Wilke,** Landgerichtsrat. 1910. 1 M. 25 Pf.

35. Die **Reichs-Eisenbahngesetzgebung.** Von **W. Coermann,** Kaiserl. Amtsrichter. 1895. 2 M. 25 Pf.

36. Gesetze, betr. die **privatrechtlichen Verhältnisse der Binnenschiffahrt und der Flößerei.** Von **E. Löwe,** Landgerichtsrat. **4. Aufl.** 1909. 3 M.

37. Gesetz gegen den **unlauteren Wettbewerb.** Von Justizrat **A. Pinner. 5. Aufl.** 1910. 1 M. 25 Pf.

38/39. **Bürgerliches Gesetzbuch nebst Einführungsgesetz** von Dr. **A. Achilles.** In Verbindung mit Professor Dr. **André,**

Kammergerichtsrat **Ritgen**, Reichsgerichtsrat Dr. **Strecker**, Senatspräsident Dr. **v. Unzner** herausgegeben von Geh. Ober-Justizrat **Greiff. 7. Aufl.** 8°. 1912. 7 M.

40. Gesetz, betr. die **Pflichten der Kaufleute bei Aufbewahrung fremder Wertpapiere (Depotgesetz).** Mit Erläuterungen. Von **F. Lusensky**, Geh. Ober-Regierungsrat. **2. Aufl.** 1905. 1 M.

41. **Börsengesetz.** In der Fassung der Novelle vom 8. Mai 1908. **2. Aufl.** Von Wirkl. Geh. Ober-Regierungsrat **Th. Hemptenmacher**, Staatskommissar an der Berliner Börse. 1908. 2 M.

42. **Grundbuchordnung** nebst den preußischen Ausführungsbestimmungen. Mit Einleitung. Von Prof. Dr. **O. Fischer. 5. Aufl.** 1909. 2 M.

43. **Zwangsvollstreckung in das unbewegliche Vermögen** im Reiche und in Preußen. Mit Einleitung, Kosten- und Gebührentabellen. Von Dr. **J. Krech**, Kaiserl. Geh. Regierungsrat und Professor Dr. **O. Fischer. 6. Aufl.** 1910. 2 M.

44. Das Reichsgesetz über das **Auswanderungswesen** vom 9. Juni 1897. Von Professor Dr. **Felix Stoerk.** 1899. 2 M. 25 Pf.

45. Das **Entmündigungsrecht** unter Berücksichtigung der für Preußen geltenden Vorschriften nebst der preußischen Justiz-Ministerial-Verfügung vom 28. November 1899. Von Landgerichtsrat Dr. **P. Koll** in Cöln. 1900. 1 M. 50 Pf.

46. Die Gesetze des Reiches und Preußens über die **freiwillige Gerichtsbarkeit.** Von **Herm. Jastrow,** Amtsgerichtsrat. **5. Aufl.** 1911. 3 M. 60 Pf.

47. Das **deutsche Vormundschaftsrecht** und das preuß. Gesetz über die Fürsorgeerziehung Minderjähriger nebst den dazu gehörigen preußischen Nebengesetzen. Von Oberverwaltungsgerichtsrat **Max Schultzenstein** und Amtsgerichtsrat Dr. **Paul Köhne. 2. Aufl.** 1901. 3 M.

48. Gesetze und Verordnungen, betr. den **Drogen-, Gift- und Farbenhandel** außerhalb der Apotheken. Von Dr. **J. Broh,** Rechtsanwalt. 1899. 1 M. 25 Pf.

49. Deutsche **Kolonialgesetzgebung.** Von Professor Dr. **Philipp Zorn.** 1901. 4 M. 50 Pf.

50. Der **Viehkauf** (Viehgewährschaft) nach dem Bürgerlichen Gesetzbuche. Nebst Verordn. betr. die Hauptmängel und Gewährsfristen beim Viehhandel. Von Rechtsanwalt Dr. **H. Stölzle** und Königl. Kreistierarzt **H. Weiskopf. 4. Aufl.** 1908. 4 M.

51. **Hypothekenbankgesetz** vom 13. Juli 1899. Von Dr. **H. Göppert. 2. Aufl.** Bearbeitet von Geh. Reg.-Rat Dr. **Seidel.** 1911. 2 M. 40 Pf.

52. Gesetz, betreffend die gemeinsamen **Rechte der Besitzer von Schuldverschreibungen.** Von Dr. **Heinrich Göppert.** 1900. 2 M.

53. **Reichspreßgesetz** vom 7. Mai 1874. Mit Kommentar von **A. Born,** Erster Bürgermeister der Stadt Marienburg (Westpr.). 1911. **2. Aufl.** 2 M.

54. Die Reichsgesetzgebung über den Verkehr mit **Nahrungsmitteln, Genußmitteln** und **Gebrauchsgegenständen.** Von Dr. **Georg Lebbin,** Nahrungsmittelchemiker in Berlin. 1900. 2 M. 25 Pf.

55. Das Recht der **Beschlagnahme von Lohn- und Gehaltsforderungen.** Von Justizrat **Georg Meyer. 4. Aufl.** 1910. 2 M. 60 Pf.

56. Gesetz, betr. die **Bekämpfung gemeingefährlicher Krankheiten.** Nebst Ausführungsbestimmungen. Von Dr. **Bruno Burkhardt,** Regierungsrat, Mitglied des Kaiserl. Gesundheitsamts. 1900. 1 M. 40 Pf.

57. **See-Unfallversicherungsgesetz.** Von Dr. **Max Mittelstein,** Oberlandesgerichtsrat in Hamburg. 1901. 2 M.

58. **Das Recht der unehelichen Kinder** nach dem BGB. Von **Hermann Jastrow,** Amtsgerichtsrat. 1901. 1 M. 80 Pf.

59. Reichsgesetz über die **Beurkundung des Personenstandes und die Eheschließung.** Von Dr. **F. Fidler,** Amtsgerichtsrat. 1912. **2. Aufl.** 2 M. 50 Pf.

60. Gesetz, betreffend das **Urheberrecht an Werken der Literatur und der Tonkunst** in der Fassung vom 22. Mai 1910. Von Geh. Justizrat **Otto Lindemann. 3. Aufl.** 1910. 1 M. 60 Pf.

61. Gesetz über das **Verlagsrecht. Von** Justizrat **E. Heinitz. 2. Aufl.** Bearbeitet von Rechtsanwalt Dr. **Br. Marwitz.** 1911. 1 M. 80 Pf.

62. Gesetz über **private Versicherungsunternehmungen.** Von **H. Könige,** Reichsgerichtsrat. **2. Aufl.** 1910. 4 M. 20 Pf.

63. **Gesetzestafel des Deutschen Reichsrechts.** Systematisch geordnete Nachweisung des z. Z. geltenden Reichsrechts. Ergänzungsband zu der Guttentag'schen Sammlung Deutscher Reichsgesetze. Von **Hugo Bruhns,** Syndikus. 1902. 8°. 2 M. 50 Pf.

64. Gesetzsammlung betr. den **Handel mit Drogen und Giften.** Reichsgesetzliche Bestimmungen und Anhang mit den landesgesetzlichen Verordnungen sämtlicher Bundesstaaten. Von Rechtsanwalt **H. Sonnenfeld,** Syndikus der Berliner Drogisten-Innung. **2. Aufl.** 1912. 4 M.

65. Das **Weingesetz** in der Fassung von 1909. Mit Ausführungsbestimmungen von Dr. **Georg Lebbin,** Nahrungsmittelchemiker. **2. Aufl.** 1909. 2 M. 50 Pf.

66. Die **Eisenbahn-Gesetzgebung.** Von **W. Pietsch,** Rechnungsrat im Reichs-Eisenbahn-Amt. 1902. 5 M.

67. **Militär-Strafgesetzbuch.** Von **Romen** und **Rissom.** In Vorbereitung.

68. Das **Fleischbeschaugesetz.** Vom 3. Juni 1900. Von Dr. **Georg Lebbin,** Nahrungsmittelchemiker und Rechtsanwalt Dr. **Georg Baum.** 1903. 4 M.

69. Reichsgesetz über die **Naturalleistungen der bewaffneten Macht im Frieden** nebst den in Preußen geltenden Bestimmungen. Von Regierungsassessor Dr. **Walter v. Hippel.** 1903. 1 M. 25 Pf.

70. Das **Reichs-Haftpflichtgesetz,** vom 7. Juni 1871. Von Regierungsrat Dr. **G. Eger.** 1903. 3 M.

71. **Kinderarbeit in gewerblichen Betrieben,** vom 30. März 1903. Von **H. Spangenberg,** Oberverwaltungsgerichtsrat. **2. Aufl.** 1904. 1 M. 60 Pf.

72. **Unfallversicherungsgesetz für Land- und Forstwirtschaft** von weil. Dr. **E. von Woedtke,** fortgesetzt von **Alfred Radtke,** Geh. Regierungsrat und Senatspräsident im Reichsversicherungsamt. **2. Aufl.** 1904. 4 M. 50 Pf.

73. **Entschädigung für unschuldig erlittene Verhaftung und Bestrafung.** Nebst Anhang, enthaltend die dazu gehörigen Nebengesetze über Schadensersatz. Von Dr. jur. **A. Romen,** Wirkl. Geh. Kriegsrat. 1904. 2 M.

74. Die **Kaufmannsgerichte** nebst den preuß. Ausführungsbestimmungen. Von Professor Dr. **Max Apt. 3. Aufl.** 1905. 2 M.

75. Reichsgesetz über die **Konsulargerichtsbarkeit.** Von Dr. jur. **A. F. Vorwerk,** Rechtsanwalt in Schanghai. 2. Ausgabe, mit dem Schutzgebietsgesetz und der Ausführungsverordnung, betr. die Rechtsverhältnisse in den Schutzgebieten. 1908. 2 M.

76. **Die Rechtshilfe im Verkehr mit den ordentlichen Gerichten nach deutschem Reichsrecht.** Von Landrichter Dr. **A. Friedländer.** 1906. 1 M. 80 Pf.

77. **Das Reichserbschaftssteuergesetz.** Vom 3. Juni 1906. Von **Ulrich Hoffmann,** Rechnungsrat im Königl. Preuß. Finanzministerium. **2. Aufl.** 1911. 5 M.

78. **Zigarettensteuergesetz.** Vom 15. Juli 1909. Von Dr. **Cuno,** Regierungsassessor. **2. Aufl.** in Vorbereitung, nach Erlaß der sämtlichen Ausführungsbestimmungen.

79. **Die Militärpensionsgesetze** vom 31. Mai 1906 nebst Ausführungsbestimmungen. Zum Gebrauch für Heer, Marine und Schutztruppe von Dr. jur. **A. Romen,** Wirklicher Geheimer Kriegsrat.
   a) I. Teil: Offizierpensionsgesetz. 1907. 3 M. 50 Pf.
   b) II. Teil: Mannschaftsversorgungsgesetz. 1908. 3 M. 50 Pf.

80. Reichsgesetzgebung über **gerichtliche Registerführung.** Von **Otto Lindemann,** Geh. Justizrat. 1906. 3 M.

81. Gesetz, betr. **Urheberrecht an Werken der bildenden Künste und der Photographie.** Von Dr. **Ludwig Fuld,** Rechtsanwalt. 1907. 1 M.

82. **Reichsbeamtengesetz** in der Fassung vom 18. Mai 1907 und seine Ergänzungen von Geheimrat Professor Dr. **Adolf Arndt.** 1908. 3 M.

83. Reichsgesetz über **den Versicherungsvertrag** nebst Einführungsgesetz. Von Dr. **Paul Hager** und Dr. **E. Bruck. 2. vermehrte und verbesserte Auflage.** 1910. 5 M.

84. **Sammlung kleinerer privatrechtlicher Reichsgesetze** von Oberlandesgerichtsrat **Georg Müller.** 1908. 6 M. 50 Pf.

85. **Scheckgesetz** mit Einleitung usw. Von Prof. Dr. **Max Apt. 5. Aufl.** Mit Postscheckordnung vom 6. Nov. 1908 und im Anhang „Besteuerung des Schecks". 1909. 2 M.

Postscheckordnung vom 6. Nov. 1908. Apart mit Erläuterungen und Ausführungsbestimmungen. (30 Pf.)

86. **Die Auslieferungsverträge des Deutschen Reiches** von Landrichter **A. Cohn.** 1908. 4 M.

87. Gesetz zum **Schutz der Warenbezeichnungen.** Von Geh. Reg.-Rat, Mitglied des Patentamts Dr. **Freund** und Rechtsanwalt **Magnus. 5. Aufl.** 1909. 3 M. 50 Pf.

88. **Vereinsgesetz** vom 19. April 1908. Von Dr. jur. **A. Romen,** Wirkl. Geh. Kriegsrat. **2. Aufl.** 1908. 1 M. 50 Pf.

89. **Vogelschutzgesetz** vom 30. Mai 1908 nebst den das Flugwild betr. Bestimmungen der Preußischen Jagdordnung von Dr. jur. **Leo von Boxberger.** 1908. 1 M.

90. Die Haager Abkommen über das **Internationale Privatrecht** von Dr. **G. A. E. Bogeng.** 1908. 2 M. 20 Pf.

91. **Eisenbahn-Verkehrsordnung** vom 23. Dez. 1908. Mit Ausführungsbestimmungen. Von Regierungsassessor bei der Eisenbahndirektion Breslau Dr. **Ernst Blume.** 1909. 2 M. 50 Pf.

92. Gesetz, betr. den **Verkehr mit Kraftfahrzeugen.** Von Amtsrichter **R. Kirchner. 2. Ausgabe** ergänzt durch die Bundesratsverordnung vom 3. Febr. 1910 und das Internationale Uebereinkommen vom 11. Okt. 1909. 1910. 3 M.

93. Gesetz über die **Sicherung der Bauforderungen** von Justizrat Dr. **E. Harnier. 2. Aufl.** 1912. 1 M. 60 Pf.

94. **Haftpflicht der Reichs- und Staats-Beamten** von Dr. **H. Delius. 2. Aufl.** 1909. Mit dem Nachtrag, enth. das Gesetz über die Haftung des Reichs für seine Beamten vom 22. Mai 1910. 3 M. 50 Pf.

95. Die Berner Uebereinkunft über **internationales Urheberrecht** von Dr. **Herm. Dungs**, vortrag. Rat im Reichsjustizamt. 1910. 1 M.

96. **Branntweinsteuergesetz** vom 15. Juli 1909. Unter Berücksichtigung der für das Reich erlassenen Ausführungsbestimmungen. Von Geh. Reg.-Rat **Johs. Ray**, vortrag. Rat im Reichsschatzamt. 1910. 3 M. 50 Pf.

97. **Schutzgebietsgesetz** nebst der Verordnung betr. die Rechtsverhältnisse in den Schutzgebieten, dem Gesetz über die Konsulargerichtsbarkeit sowie den Ausführungsbest. und ergänzenden Vorschriften. Von **Johs. Gerstmeyer**, Wirkl. Legationsrat und vortrag. Rat im Reichskolonialamt. 1910. 3 M.

98. **Sechs Haager Abkommen** über **Internationales Privatrecht.** Von Dr. **Herm. Dungs**, vortrag. Rat im Reichs-Justizamt. 1910. 1 M. 50 Pf.

99. **Die Abkommen der Haager Friedenskonferenz** von Dr. jur. **Hans Wehberg**. 1910. 3 M.

100. Gesetz über den **Absatz von Kalisalzen.** Von Geh. Bergrat **Carl Voelkel.** 1910. 2 M. 40 Pf.

101. **Zuwachssteuergesetz** vom 14. Februar 1911. Von Dr. **W. Cuno**, Regierungsrat im Reichsschatzamt. 1911. 3 M. 60 Pf.

102. **Urheberrecht an Mustern und Modellen** u. Ges. betr. Schutz v. Gebrauchsmustern von Reg.-Rat **Johs. Neuberg**, Mitgl. d. K. Patentamts. 1911. 2 M. 40 Pf.

103. **Reichs-Viehseuchengesetz** vom 26. Juni 1909 nebst Ausführungsvorschriften u. dem preuß. Ausführungsgesetz. Von Landrat Dr. **Walter v. Hippel.** 1912. Im Druck.

104. **Versicherungsgesetz** für Angestellte vom 20. Dez. 1911. Von Rechtsanwalt **O. Bernstein** und Dr. **J. Kupferberg.** Im Druck.

Guttentag'sche Sammlung

Preußischer Gesetze.

Text-Ausgaben mit Anmerkungen. Taschenformat.

---

1. Die **Verfassungs-Urkunde** für den Preußischen Staat. Mit Einleitung, vollständigem Kommentar. Von Prof. Dr. **Adolf Arndt. 7. Aufl.** 1911. 4 M.

2. Preußische **Beamten-Gesetzgebung.** Enthaltend die wichtigsten Beamtengesetze in Preußen. Von **C. Pfafferoth. 4., neubearb. Aufl.** 1905. Mit Anhang: Abänderung vom 27. Mai 1907. 2 M.

3. **Die Aufnahme des Nottestaments** durch die bestellten Urkundspersonen. Anweisung mit Musterbeispielen und Abriß des Erbrechts von Amtsgerichtsrat **C. Kurtz.** 1904. 1 M. 50 Pf.

4. **Gebührenordnung** für **Notare** vom 25. Juli 1910. **4. Aufl.** bearbeitet von Justizrat **Rausnitz.** 1910. 2 M. 20 Pf.

5. Gesetz vom **24. April 1854 (betr. die außerehel. Schwängerung).** Von Dr. **Schulze.** 1873. 75 Pf.
   Gültiges Recht siehe: Reichsgesetze Nr. 58.

6. Die Preuß. **Ausführungsgesetze und Verordnungen zu den Reichs-Justizgesetzen.** Von **R. Sydow. 3. vermehrte Aufl.** 1895. 2 M. 40 Pf. Siehe Seite 24, Busch-Eylau, Ausführungsgesetze.

7. Allg. **Gerichtsordnung** und Preuß. **Konkursordnung.** Von **F. Vierhaus.** Vergriffen.

8. **Vormundschaftsordnung.** Von **F. Schultzenstein.**
   Gültiges Recht siehe: Reichsgesetze Nr. 47.

9. Die Preußische **Grundbuchgesetzgebung.** Von Prof. Dr. **Fischer.** Vergriffen. Siehe: Reichsgesetze Nr. 42.

10. **Einkommensteuergesetz.** Von **A. Fernow,** Geh. Ober-Finanzrat. **7. Aufl.** 1908/9. Mit Nachtrag, enth. die Bestimmungen v. 22. März und 26. Mai 1909. 3 M. 25 Pf.

11. **Gewerbesteuergesetz.** Von **A. Fernow,** Geh. Ober-Finanzrat. **5., vermehrte Aufl.** 1910. 3 M.

12. **Allgemeines Berggesetz** für die Preußischen Staaten vom 24. Juni 1865. Von **W. Westhoff** und **W. Schlüter. 2. Aufl.** 1907. Mit Nachtrag von 1909. 5 M.

13. **Ergänzungssteuergesetz** (Vermögenssteuergesetz). Von **A. Fernow,** Geh. Ober-Finanzrat. **4. vermehrte Aufl.** 1907. 2 M. 40 Pf.

14. **Kommunalabgabengesetz.** Vom 14. Juli 1893 und Gesetz wegen Aufhebung direkter Staatssteuern. Von Dr. **F. Adickes,** Oberbürgermeister. **5. Aufl.** Bearbeitet von Stadtrat Dr. **Woell.** 1911. 2 M. 40 Pf.

15. Die **Kreisordnungen** für den Preußischen Staat. Von **O. Kolisch,** Landgerichtsrat. 1894. 4 M.

16. **Konzessionierung gewerblicher Anlagen.** Preuß. Ausführungs-Anweisung zu §§ 16 u. ff. der Gewerbe-Ordnung. Von Dr. **W. v. Rüdiger,** Geh. Regierungs- u. Gewerberat. **2. Aufl.** 1901. 2 M.

17. Preußisches **Gerichtskostengesetz.** Vom 25. Juli 1910. Mit Kostentabellen. Von Dr. **P. Siméon,** Kammergerichtsrat. **6. Aufl.** 1910. 3 M. 60 Pf.

18. Preußisches **Stempelsteuergesetz** vom 30. Juni 1909. Mit sämtlichen Ausführungsbestimmungen. Von **P. Loeck,** Geh. Regierungsrat. **7. Aufl.** 8°. 1911. 7 M.

19. Das **Jagdscheingesetz.** Mit ausführlichen Erläuterungen. Von **F. Kunze,** Wirklichem Geh. Ober-Regierungsrat. **2. Aufl.** 1899. 2 M.

20. Die **preußischen Erbschaftssteuergesetze.** Unter Berücksichtigung der Novelle vom 31. Juli 1895. Von **U. Hoffmann,** Rechnungsrat im Königl. preuß. Finanzministerium. 1905. 4 M.

(**Reichs**-Erbschaftssteuergesetz s. Reichsgesetze Nr. 77).

21. Gesetz über die **Handelskammern.** Von **F. Lusensky,** Geh. Regierungsrat. **2. Aufl.** 1909. 3 M.

22. Gesetz, betr. **Anstellung und Versorgung der Kommunalbeamten.** Von Dr. **W. Ledermann,** Magistratsassessor zu Berlin. 1899. 1 M. 25 Pf.

23. **Ausführungsgesetz zum Bürgerlichen Gesetzbuche.** Von Kammergerichtsrat Dr. **P. Siméon. 2. Aufl.** 1905. 1 M. 80 Pf. Siehe auch B u s c h - E y l a u S. 24.

24. Die **Hinterlegungsordnung** in der Fassung des Ausführungsgesetzes zum BGB. vom 20. Sept. 1899 nebst Ausführungsbestimmungen. Von Regierungsrat Dr. **Georg Bartels. 2. Aufl.** 1908. 2 M.

25. **Preußische Kommunalbeamtengesetzgebung.** Von Magistrats-Assessor Dr. **Fr. Kremski,** Berlin. 1901. 3 M.

26. Gesetze über das **Diensteinkommen der Lehrer und Lehrerinnen, Ruhegehalt und Fürsorge für Hinterbliebene.** Tabelle zur Berechnung der Ruhegehalts-, Witwen- und Waisenbezüge. Von Dr. **Ed. Cremer**, Beigeordneter. 1900. 2 M. 40 Pf.

27. Gesetz, betreffend die **Warenhaussteuer.** Von Geh. Ober-Finanzrat Dr. **G. Strutz.** 1900. 1 M. 20 Pf.

28. Gesetz über die **Fürsorgeerziehung Minderjähriger.** Von Landgerichtsdirektor Dr. **P. F. Aschrott. 2. umgearbeitete Aufl.** 1907. 2 M. 80 Pf.

29. Gesetz, betr. **die ärztlichen Ehrengerichte, das Umlagerecht und die Kassen der Aerztekammern.** Von Amtsgerichtsrat Dr. **F. Fidler.** 1901. 1 M. 50 Pf.

30. Das **Preußische Staatsschuldbuch** und **Reichsschuldbuch.** Von Wirkl. Geh. Ober-Finanzrat **J. Mücke.** 1902. 2 M.

31a. **Die geltenden Preußischen Gesindeordnungen.** Herausgegeben in zwei Bänden von **Stephan Gerhard**, Rechtsanwalt in Berlin. 1902.

Band I: Gesindeordnung für die altpreußischen Provinzen vom 8. Nov. 1810, mit Erläuterungen unter Berücksichtigung der Ergänzungsgesetze und der Rechtsverhältnisse der Gesindevermieter, sowie die Gesindeordnungen für Neuvorpommern und Rügen und für die Rheinprovinz. 2 M. 50 Pf.

31b. **Band II:** Gesindeordnungen für Hannover, Schleswig-Holstein, Hessen-Nassau und den Regierungsbezirk Hohenzollern. 2 M. 50 Pf.

Siehe auch Seite 25: Ratgeber von Grieben.

32. **Die Städteordnung für die sechs östlichen Provinzen** Preußens vom 30. Mai 1853. Von Dr. jur. **Walter Ledermann,** Stadtrat zu Berlin. 8°. 1902. 6 M.

33. **Rentenguts- und Anerbenrechts-Gesetzgebung in Preußen.** Von Landgerichtsrat **M. Peltasohn** und Rechtsanwalt **Bruno Peltasohn.** 1903. 3 M.

34. Sammlung der wichtigsten **preußischen Strafgesetze** nebst Anhang: Gesetz betr. polizeiliche Strafverfügungen vom 23. April 1883. Von **Otto Lindemann,** Geheimen Justizrat. 1912. **2. Aufl.** 3 M. 50 Pf.

35. **Geschäftsordnung für Gerichtsvollzieher.** Gerichtsvollzieherordnung und Gebührensätze von Amtsgerichtssekretär **Emil Exner.** 1904. 3 M. 50 Pf.

36. **Polizeiverordnungen in Preußen.** Von **Otto Lindemann,** Geheimen Justizrat. 1912. **2. Aufl.** 2 M. 50 Pf.

37. Gesetz über die **Enteignung von Grundeigentum** vom 11. Juni 1874. Von Oberlandesgerichtsrat **O. Meyer. 2. Aufl.** 1911. 2 M. 25 Pf.

38. **Kreis- und Provinzial-Abgabengesetz.** Vom 23. April 1906. Von **Fr. Schmidt,** Gemeindevorsteher. 1906. 1 M. 25 Pf.

39. Gesetz, betr. die **Unterhaltung der öffentl. Volksschulen.** Von Dr. **A. Marcks,** Reg.-Rat. 1906. 2 M.

40. **Verwaltungsstrafverfahren** bei Zuwiderhandlungen gegen die Zollgesetze und indirekte Reichs- und Landesabgaben,

sowie die Bestimmungen über die Schlacht- und Wildpretsteuer vom 26. Juli 1897. Von Dr. **Richard Katzenstein**, Gerichtsassessor. 1907. 3 M. 60 Pf.

41. Die **preußischen Jagdpolizeigesetze.** Von **Fr. Kunze**, Wirkl. Geh. Oberregierungsrat und **R. Kühnemann**, Rechtsanwalt. **2. Aufl.** 1907. 3 M. 60 Pf.

42. Die Gesetzgebung über die **Allgemeine Landesverwaltung** und über die **Zuständigkeit der Verwaltungs- und Verwaltungsgerichtsbehörden.** Von Rechtsanwalt Dr. **Karl Friedrichs.** 1908. 3 M.

43. Gesetz betr. die **Zulassung einer Verschuldungsgrenze** für land- und forstwirtschaftlich benutzte Grundstücke vom 20. August 1906 nebst Ausführungsvorschriften. Von Dr. jur. **R. Leweck**, Syndikus der Ostpreuß. Landschaft. 1908. 2 M. 40 Pf.

44. **Quellenschutzgesetz** vom 14. Mai 1908 nebst den Ausführungsbestimmungen von **Carl Voelkel**, Geheimer Bergrat. 1909. 1 M.

45. **Rechtsverhältnisse der Juden in Preußen** von Dr. jur. et rer. pol. **Max Kollenscher**, Rechtsanwalt. 1910. 2 M. 40 Pf.

46. **Austritt aus der Landeskirche** vom 14. Mai 1873. Von Gerichtsassessor **Hrch. Chr. Caro.** 1911. 2 M. 40 Pf.

47. Gesetz, betr. die **Feuerbestattung** vom 14. Sept. 1911 nebst Ausführungsanweisung von Amtsgerichtsrat Dr. **W. Lohmann.** 1911. 1 M. 50 Pf.

Plancks Kommentar zum Bürgerlichen Gesetzbuch. Herausgegeben in Verbindung mit Dr. **A. Achilles** †, Reichsgerichtsrat, Dr. **F. André**, ord. Prof., **M. Greiff**, Geh. Ober-Justizrat, **F. Ritgen**, Kammergerichtsrat, Dr. **O. Strecker**, Reichsgerichtsrat, Dr. **E. Strohal**, Geh. Hofrat, ord. Prof., Dr. **K. v. Unzner**, Ministerialrat. **3. verm. u. verb. Aufl.** Lex.-8°. 7 Bände. 110 M., geb. in Halbfrz. 124 M. Jeder Band ist auch einzeln käuflich.

Struckmann-Koch, Zivilprozeßordnung für das Deutsche Reich nebst den auf den Zivilprozeß bezüglichen Bestimmungen des Gerichtsverfassungsgesetzes und den Einführungsgesetzen. In den neuen Fassungen mit der Novelle von 1910. Kommentar. Herausgegeben unter Mitwirkung von **K. Rasch**, Landgerichtspräsident in Altona, Dr. **P. Koll**, Senatspräsident beim Oberlandesgericht in Cöln, Dr. **Flechtheim**, Rechtsanwalt beim Oberlandesgericht in Cöln. **9., umgearbeitete Auflage.** 1910. Lex.-8°. 24 M., geb. 26 M.

Staubs Kommentar zum Handelsgesetzbuch. 8. Aufl. Mit Nachtrag, betr. Börsentermingeschäfte, handelsrechtliche Lieferungsgeschäfte und Differenzgeschäfte. Lex.-8°. 2 Bände brosch. 43 M. 80 Pf., geb. in Halbfranz 48 M.

Staubs Kommentar zur Wechselordnung. 8. **Aufl.**, bearbeitet von Dr. **M. Stranz.** 10 M., geb. 11 M.

Staubs Kommentar zum Gesetz betr. die **Gesellschaften mit beschränkter Haftung. 3. Auflage** von Rechtsanwalt Dr. **Max Hachenburg.** 1909. Lex.-8°. 15 M., geb. 16 M. 50 Pf.

Reichsgesetz, betreffend die Erwerbs- und Wirtschaftsgenossenschaften. Kommentar zum praktischen Gebrauch für Juristen und Genossenschaften. Herausgegeben von **Ludolf Parisius**

u. Dr. **Hans Crüger. 6., völlig umgearb. Aufl.** von Dr. **Hans Crüger.** 1908. Gr.-8°. 14 M., geb. in ganz Leinen 15 M.

Das Reichsgesetz, betr. die Gesellschaften mit beschränkter Haftung. Systematische Darstellung und Kommentar nebst Entwürfen von Gesellschaftsverträgen und praktischer Anleitung für die Registerführung von **Ludolf Parisius** und Dr. **Hans Crüger. 5., vermehrte Auflage,** bearbeitet von Dr. **Hans Crüger.** 1911. Gr.-8°. Preis 11 M., geb. in ganz Leinen 12 M. 50 Pf.

Pinner, Kommentar zum Gesetz **gegen den unlauteren Wettbewerb** vom 7. Juni 1909. **2. Aufl.** Herausgegeben von Justizrat **Albert Pinner** und Rechtsanwalt Dr. **Erich Eyck.** 1910. Gr.-8°. 5 M. 50 Pf., geb. 6 M. 50 Pf.

Deutsches Nahrungsmittelrecht für Juristen, Mediziner, Chemiker und Gewerbetreibende von Dr. **Georg Lebbin,** Nahrungsmittelchemiker und Dr. **Georg Baum,** Rechtsanwalt. 1907. 8°. Zwei Bände. Erster Teil: **Handbuch des Nahrungsmittelrechts.** Von Dr. **Georg Lebbin** und Dr. **Georg Baum.** Preis geb. 8 M. Zweiter Teil: **Amtliche Untersuchungsmethoden für Chemiker.** Zusammengestellt von Dr. **Georg Lebbin.** Preis geb. 8 M.

Das Verwaltungsstreitverfahren. Praktisches Handbuch auf wissenschaftlicher Grundlage bearbeitet von **Fritz Kunze,** Wirkl. Geh. Ober-Regierungsrat. Gr.-8°. 12 M., geb. 13 M.

Kommentar zum Börsengesetz. Im Auftrage des Centralverbandes des Deutschen Bank- und Bankiergewerbes bearbeitet von Dr. **H. Rehm,** Dr. **H. Trumpler, Heinrich Dove,** Dr. **Ernst Neukamp,** Dr. **R. Schmidt-Ernsthausen,** Dr. **James Breit.** Mit Vorwort von Dr. **J. Rießer.** 1909. Gr.-8°. 12 M., geb. 13 M.

Patentgesetz und Gesetz, betr. den **Schutz von Gebrauchsmustern.** Von Justizrat Dr. **A. Seligsohn. 4., neubearbeitete Auflage.** 1909. Gr.-8°. 12 M., geb. in Leinen 13 M.

Die Rechtsverhältnisse der öffentlichen Anleihen. Von Geh. Regierungsrat Dr. **G. S. Freund.** Gr.-8°. 7 M., geb. 8 M.

Die Preußischen Ausführungsgesetze, Verordnungen und ministeriellen Verfügungen zu dem Bürgerlichen Gesetzbuche und den Reichs-Justizgesetzen nebst anderen zugehörigen Gesetzen. Von **L. Busch. 2. Aufl.** von Landrichter **O. Eylau.** 8°. Preis geb. 4 M. 50 Pf.

Preußische Bürgerliche Gesetzsammlung. Sammlung der noch geltenden Landesgesetze privatrechtlichen Inhalts. Herausgegeben von den Gerichtsassessoren **D. Fischer** und Dr. **F. Schroeder.** 8°. 2 Bände Preis geb. in ganz Leinen 20 M.

Erster Band: **Das Allgemeine Landrecht mit den Einführungs-Patenten.** Preis 6 M.

Zweiter Band: **Gesetze von 1773—1902.** Preis 14 M.

Preußisches Baupolizeirecht. Mit Kommentar der Baupolizeiverordnung für die Vororte von Berlin. Vom 28. Mai 1907. Von Gemeindebaurat **Carl Saß.** 8°. Preis 6 M.

Straßen- und Baufluchtliniengesetz. Kommentar für den praktischen Gebrauch mit zeichnerischen Darstellungen von Gemeindebaurat **Carl Saß.** 8°. Preis kartonniert 3 M.

Fluchtliniengesetz. —Das Gesetz, betreffend die **Anlegung** und **Veränderung** von Straßen und Plätzen in Städten und ländlichen Ortschaften vom 2. Juli 1875 von Friedrichs. **6., völlig neu bearbeitete Auflage.** Von Senatspräsident Dr. jur. **Hugo von Strauß und Torney.** In Vorbereitung.

Die Invaliden- und Hinterbliebenenversicherung nach der **Reichsversicherungsordnung.** Eine systemat. Zusammenstellung der gesetzl. Bestimmungen von Dr. **Richard Freund,** Vorsitzendem der Landes-Versicherungsanstalt Berlin. 1911. 2 M., geb. 3 M.

Wie leitet man eine Versammlung? Geschäftlicher Handweiser für Vorsitzende. Von einem Mitgliede des deutschen Reichstages und des preußischen Abgeordnetenhauses. **2. Aufl.** 1908. kart. 1 M.

Praktischer Ratgeber für Dienstherrschaften nach dem Preuß. Gesinderecht unter Berücksichtigung der neueren Entscheidungen bearbeitet von **H. Grieben,** Verwaltungsdirektor a. D. und Bürgermeister. 1908. 1 M.

Das Recht der Handlungsgehilfen und Handlungslehrlinge. Von Rechtsanwalt **Hugo Horrwitz. 2. Aufl.** Geb. 3 M.

Die Registratur. Von **Hermann Kollrack. 2. Aufl.** 1906. 8°. Kart. 1 M. 40 Pf.

Die Pflichten des Waisenrates. Ein praktischer Leitfaden für Waisenräte und Verwaltungsbeamte. Von **F. Baum,** Geh. Justizrat und Vormundschaftsrichter. **8. vermehrte und verbesserte Auflage.** 1906. 8°. 60 Pf.

Der Vormund, Gegenvormund, Pfleger und Familienrat. Nach dem Bürgerlichen Gesetzbuch, dem Reichsgesetz über die Angelegenheiten der freiwilligen Gerichtsbarkeit und dem Ausführungsgesetz zum BGB. Ein praktischer Leitfaden. Von **F. Baum,** Geh. Justizrat und Vormundschaftsrichter. 1899. 8°. 50 Pf.

Schlagwort-Register.

R. = Nummer der Sammlung Deutscher **Reichs**gesetze.
P. = Nummer der Sammlung **Preußischer** Gesetze.
S. = Seite.

Schlagwort-Register. (R. = Reichsgesetz, P. = preuß. Gesetz.)

Schlagwort-Register. (R. = Reichsgesetz, P. = preuß. Gesetz.)

Schlagwort-Register. (R. = Reichsgesetz, P. = preuß. Gesetz.)

Schlagwort-Register. (R. = Reichsgesetz, P. = preuß. Gesetz.)

 Nr. 3. II. 1912. 30 000.

FSC
www.fsc.org
MIX
Papier | Fördert
gute Waldnutzung
FSC® C083411

Kolibri 360 GmbH
Ferdinand-Jühlke-Straße 7
99095 Erfurt, Deutschland
produktsicherheit@kolibri360.de